AVERTISSEMENT DU LIBRAIRE.

L'Ouvrage que je donne au Public auroit paru depuis longtems, si l'illustre Auteur qui l'a composé, eût jugé à propos de lui laisser voir le jour. Il étoit si persuadé que la plûpart des gens desaprouveroient ses sentimens sur la Foiblesse de l'Esprit Humain, qu'il n'a pu se résoudre à les publier pendant sa vie. Il se contentoit de lire cet Ouvrage à ses meilleurs

TRAITÉ PHILOSOPHIQUE DE LA FOIBLESSE DE L'ESPRIT HUMAIN,

PAR

Feu Monsieur HUET, *ancien Evêque d'Avranches.*

Fulgence de Paris Capucin

A LONDRES,
Chez JEAN NOURSE.
M. DCC. XLI.

TRAITÉ PHILOSOPHIQUE DE LA FOIBLESSE DE L'ESPRIT HUMAIN,

PAR

Feu Monsieur HUET, *ancien Evêque d'Avranches.*

A LONDRES,

Chez JEAN NOURSE.

M. DCC. XLI.

Amis, ne voulant pas s'exposer au ressentiment de ceux qu'il appelle souvent lui-même, le Vulgaire de la République des Lettres.

Un homme de mérite, pour qui feu Mr. Huet avoit beaucoup de considération, m'avoit fait connoître avantageusement cet Ouvrage, plusieurs années avant la mort de ce savant Prélat. Il fit d'inutiles efforts pour m'en procurer une Copie; Mr. Huet ne voulut point y consentir, quoiqu'il le regardât comme le meilleur de tous ses Ouvrages. Rien ne marque mieux l'estime qu'il en faisoit, que le soin qu'il a pris de le traduire

duire lui-même en Latin, après l'avoir composé en François; ce qu'il n'a fait pour aucun autre de ses Livres. J'ai sa Traduction Latine, & je pourrai l'imprimer dans la suite, si le Public témoigne la souhaiter. Tout le monde sçait, que ce Prélat avoit cultivé le Latin avec un soin extraordinaire, & qu'il écrivoit en cette Langue avec beaucoup d'élégance.

Après la mort de Mr. Huet, un de ses parens à qui il avoit confié son Manuscrit, a eu la bonté de me l'envoyer, pour n'en pas priver plus long-tems le Public. Mais comme on pourroit douter que l'Auteur de la *Démonstration Evangelique*, le fût aussi d'un Ouvrage où l'on établit fortement le Pyrrhonisme, il est bon d'avertir ici, que ce dernier a été fidélement imprimé sur le Manuscrit Original de Mr. Huet, que je conserve avec soin, & que j'offre de montrer aux personnes qui auront la curiosité de l'examiner. Il m'a été d'autant plus facile de vérifier, que le Manuscrit est de la propre main du Prélat, que j'ai plusieurs Lettres qu'il m'a fait l'honneur de m'écrire autrefois.

Je n'y ai fait d'autre changement que de mettre le nom de Mr. Huet, à la place du nom

nom ſuppoſé de *Théocrite de Pluvignac, Seigneur de la Roche, Gentilhomme de Perigord*, ſous lequel il vouloit ſe cacher. Ceux qui aiment à connoître les véritables Auteurs des Livres qui paroiſſent, me ſauront bon gré de ce changement.

L'Ouvrage que je publie n'a pas été inconnu à l'Editeur du *Huetiana*, qui a paru depuis peu : Car il nous apprend, que le *Traité Philoſophique de la Foibleſſe de l'Eſprit humain* a été compoſé par Mr. Huet, dans le même tems que ſes *Quæſtiones Alnetanæ*, qui parurent à Caën en 1690.

On a ſouhaité de voir ici

l'Eloge historique de ce Prélat, Mr. l'Abbé Olivet, connu par sa belle Traduction des *Entretiens de Ciceron sur la Nature des Dieux*, en est l'Auteur.

Je finirai par une remarque qui fera plaisir aux Lecteurs; c'est que le Philosophe Provençal, dont Mr. Huet emprunte le personnage, est le même Mr. de Cormisy, dont il parle dans les Mémoires de sa vie. Cet illustre Savant étoit Président au Parlement d'Aix en Provence, & il fut relegué à Caën par ordre de la Cour. Ce Magistrat y fit connoissance avec Mr. Huet, & lui donna du goût pour Sextus Empiricus, & pour la Philoso-

Philoſophie des Sceptiques. Voici l'endroit où le Prélat parle de Mr. de Cormiſy : c'eſt à la page 229. de ſes Mémoires.

Cadomum delatus eſt per eos dies vir literatus & priſcæ potiſſimùm Philoſophiæ benè peritus ; ſed & morum præterea comitate amabilis, omnique elegantiâ excultus, Senatus Aquenſis Præſes Cormiſius, illuc reſtantis fortunæ invidiâ & Regis juſſu relegatus. Attulit ille ad me literas commendatias ab illuſtri fæmina Catharina Vivonnæa Rambullieta, jam ſuperiùs commemorata, quibus viri prædicabat laudes, meque enixè rogabat, ſi quomodo hominis ſuble-

blevare possem infortunium, aut consolando, patriæque desiderium dictis leniendo, aut afflictum rebus ipsis juvando, & assidua consuetudine recreando, his officiis ne deessem. Ad id autem etsi me satis impellebat ipsa humanitas, multò tamen magis movebar ipsius eruditione & virtute, vel ex primo congressu cognita. Frequens itaque illi aderam, nec ullus effluebat dies, quin aut ille ventitaret ad me, aut illum ego convenirem, simulque vel per amœnissimas Olenæ ripas, vel per viridissima prata deambularemus. Omnis autem ferè sermo erat de veterum Philosophorum Sectis; quarum omnium cùm egregiè

egregiè sciens erat tùm earum præcipuè, quæ animum jubent ab omni assensu sustinere. Summopere itaque comprobabat Sexti Empirici Doctrinam, effecitque commendatione sua, ut Auctor adhuc de nomine tantùm mihi cognitus pervolutaretur à me diligenter, mihique fieret persamiliaris, & summa esset illius apud me commendatio.

ELOGE HISTORIQUE

de Mr. HUET.

PIERRE DANIEL HUET, ancien Evêque d'Avranches, mort à Paris le vingt-six de Janvier 1721. étoit né à Caën le huit de Février mille six cens trente. L'amour de l'étude prévint en lui, ne disons pas tout-à-fait la raison, puisque nous ignorons quand elle commence; mais au moins l'usage de la parole. *A peine*, dit-il, *avois-je (a) quitté la mamelle, que je portois envie à ceux que je voyois lire.* Il perdit son pere à dix-huit mois; sa mere quatre ans après. Il fut livré à des Tuteurs négligens, qui le mirent dans une pension bourgeoise, où, avec peu de secours, & n'ayant que de mauvais exemples, il ne

(a) Huetiana, p. 3. *Commentar.* p. 16.

ne laissa pas d'achever la carriere des Humanitez, avant que d'avoir treize ans faits.

Pour sa Philosophie, il tomba sous un excellent (*a*) Professeur, qui, à la maniere de Platon, voulut qu'il commençât par apprendre un peu de Géométrie. Mais le disciple alla plus loin qu'on ne souhaitoit. Il prit un tel goût à la Géométrie, qu'il en fit son capital, & méprisa presque les Ecrits que dictoit son maître, qui heureusement étoit assez sage & assez habile pour ne lui en savoir pas mauvais gré. Il parcourut tout de suite les autres parties des Mathématiques; & quoique cette science ne fût pas encore accréditée dans les Colléges, ni même dans le monde au point qu'elle l'a été depuis, on lui en fit soûtenir des Théses publiques, les premieres qui ayent été soûtenuës à Caën.

Il devoit, au sortir de ses Classes, étudier en Droit, & y prendre des Degrez

(a) Le P. Mambrun, connu par ses vers Latins, & par un Traité du Poëme Epique.

Degrez. Deux Ouvrages, qui parurent (*a*) en ce temps-là, interrompirent cette étude utile, & le jetterent dans une autre plus amusante. Ces deux Ouvrages étoient les Principes de Descartes, & la Géographie sacrée de Bochart. Une preuve qu'on ne doit jamais avoir de préjugez, ou du moins s'y opiniâtrer, puisqu'un même homme, & un homme très-judicieux, peut quelquefois, dans ses âges différens, penser si différemment; c'est que M. Huet, qui a vivement censuré Descartes longtemps après, le goûta d'abord, l'admira, & le suivit durant plusieurs années. Quant à la Géographie de Bochart, elle fit une double impression sur lui, & par l'érudition immense de l'Ouvrage, & par la présence de l'Auteur, Ministre des Protestans à Caën. Tout ce livre étant plein d'Hébreu & de Grec, aussi-tôt il voulut savoir ces deux Langues, alla saluer l'Auteur, lui demanda ses conseils

(*a*) Les Principes de Descartes, imprimez en 1643. & le Phaleg de Bochart, en 1646.

conſeils, ſon amitié, & ſe fit ſon Diſciple ; mais Diſciple prêt à devenir émule. Souvent un jeune-homme avec de l'Eſprit & du courage, n'a beſoin que d'un modelle vivant, pour déterminer le genre de ſes Etudes. Tel qui n'a fait toute ſa vie que des Madrigaux, auroit été un Savant du premier ordre, s'il avoit eu de bonne heure un Bochart devant les yeux.

Qu'on ne croye pas cependant, que M. Huet fût ennemi des amuſemens & des exercices qui conviennent à la jeuneſſe. Il voyoit (*a*) le monde, il avoit ſoin de ſe bien mettre, il cherchoit à plaire. Véritablement il n'avoit pas de grace à danſer ; mais il primoit à la courſe, il étoit meilleur homme de cheval, il faiſoit mieux des armes, il ſautoit mieux, il nageoit mieux, dit-il, que pas un de ſes égaux.

A vingt ans & un jour, la Coûtume de Normandie le délivra enfin de ſes Tuteurs, qui lui épargnoient ſordidement tout ce qu'ils pouvoient. Sa plus

(*a*) *Commentar. Lib. I. p.* 55. 56. 57.

plus forte passion, & la premiere qu'il satisfit, dès qu'il se vit son maître, fut de voir Paris : non pas tant par curiosité, que pour se fournir de Livres, & pour connoître *les Princes* (a) *de la Litérature.* C'est une de ses expressions. Il rendit d'abord ses devoirs au P. Sirmond, plus que nonagénaire. Cet aimbable & respectable vieillard joignoit à son grand sçavoir une grande candeur, qui lui venoit de son propre fonds ; & une grande politesse, que la Cour de Rome & celle de France lui avoient donnée. Le P. Petau, bien moins âgé ; mais naturellement plus rigide que son Confrere, se dérida le front en faveur d'un jeune Provincial, qui non seulement étoit déjà digne de l'écouter ; mais qui osoit même quelquefois (b) n'être pas de son avis, & lutter, presque enfant, contre un si grand homme.

Je nommerois tous nos Sçavans d'alors, si je nommois tous ceux que

(a) Huetiana, p. 4. *Comment.* p. 58.
(b) Voyez ses Dissertations sur diverses matieres, &c. Tom. II. p. 432. 433.

que M. Huet connut & dont il s'acquit l'estime, à son premier voyage de Paris. Deux ans après il eut occasion de connoître ceux de Hollande: Car la Reine de Suéde ayant invité Bochart à l'aller voir, il se joignit à lui, & partit au mois d'Avril 1652. Bochart arriva en des circonstances où il ne fut pas si gracieusement reçu qu'il avoit lieu de s'y attendre. La santé de cette Princesse chanceloit. Trop d'application à l'étude (car elle y passoit les nuits entieres) lui avoit échauffé le sang. Bourdelot son Médecin, habile Courtisan, & qui avoit étudié autant son esprit que sa complexion, l'obligea de rompre tout commerce avec les Gens de Lettres, dans l'espérance de la gouverner lui seul. Bochart en souffrit. Pour M. Huet, sa jeunesse l'empêcha de paroître si redoutable à ce Médecin. Il vit souvent la Reine, elle voulut même se l'attacher; mais l'humeur changeante de Christine lui fit peur, & il aima mieux au bout de trois mois revenir en France, où le principal fruit qu'il rapporta de son voyage, fut un Manuscrit d'Origene, d'Origéne, qu'il avoit copié à Stockolm.

Parmi les Savans qu'il connut en Hollande, Saumaise tient le premier rang. Diroit-on, à l'emportement qui régne dans les Ecrits de Saumaise, que c'étoit au fond un homme facile, communicatif, & la douceur même? Jusques-là qu'il se laissoit dominer par une femme hautaine & chagrine, qui se vantoit d'avoir pour mari, mais non pas pour maître, *le plus savant de tous les Nobles, & le plus noble de tous les Savans.* Quand M. Huet fut de retour dans sa patrie, il reprit ses Etudes avec plus de vivacité que jamais, pour se mettre en état de nous donner son Manuscrit d'Origéne. Deux sortes d'Académies, l'une qui s'étoit formée en son absence pour les Belles Lettres, l'autre qu'il fonda lui-même pour la Physique, servoient à le délasser, ou plûtôt le faisoient de temps en temps changer de travail. En traduisant Origéne, il médita sur les régles de la Traduction, & sur les diverses manieres des plus célébres Traducteurs. C'est ce qui donna lieu au premier Livre qu'il publia, & par

par lequel il fit, si j'ose ainsi dire, son entrée dans le païs des Lettres. On y admira ce qu'on a depuis admiré dans ses autres Ouvrages, une lecture sans bornes, une judicieuse critique, & surtout une Latinité qui feroit honneur au siécle d'Auguste. Enfin, seize ans après son retour de Suéde, il mit son Origéne au jour. Ces seize ans, il les passa dans sa patrie, sans emploi, tout à lui & à ses livres; ne se dérangeant que pour venir tous les ans se montrer un ou deux mois à Paris.

Pendant ce temps-là il eut des lueurs de fortune dont il ne fut point ébloui. La Reine de Suéde, qui après avoir abdiqué la Couronne, s'étoit transplantée à Rome pour toûjours, voulut l'attirer auprès d'elle en 1659. Mais l'avanture de Bochart, demandé avec tant d'ardeur, & puis oublié dès qu'il parut, l'empêcha de succomber à la tentation de voir l'Italie. On le souhaita en Suéde pour lui confier l'éducation du jeune Roi, qui remplaça en 1660. Charles Gustave, successeur de Christine: Mais il eut la force de remercier, & ceux qui

qui jugent des actions par l'événement, trouveront qu'il fit très-bien de se tenir en France : Car, dix ans après, il fut nommé Sous-précepteur de M. le Dauphin, sans avoir d'autres patrons que son mérite, & le discernement de M. de Montausier.

Il arriva à la Cour en 1670, & y demeura jusqu'en 1680, qui est l'année que M. le Dauphin fut marié. Plus il sentit que ce nouveau séjour l'exposoit à de fréquentes distractions, plus il devint avare de son temps. A peine donnoit-il quelques heures au sommeil. Tout le reste de son loisir alloit, ou aux fonctions nécessaires de son emploi, ou à sa *Démonstration Evangélique*, commencée, & achevée parmi les embarras de la Cour.

Je ne dois pas oublier ici le service qu'il rendit aux Lettres, en nous procurant cette suite de Commentaires, qui se nomment communément *les Dauphins*. Quoique la premiere idée en fût venuë à M. de Montausier, on est redevable à M. Huet d'en avoir tracé le plan, & dirigé l'exécution,

autant

autant que l'a permis la docilité, ou la capacité des Ouvriers.

Tout occupé depuis si long-temps, & de compositions, & de lectures, qui avoient directement la Religion pour objet, il prit enfin, à l'âge de quarante-six ans les Ordres Sacrez. Après quoi il eut l'Abbaye d'Aunay, où il se retiroit tous les étez, lorsqu'il eût quitté la Cour. Un des Ouvrages qu'il y composa, sous le titre de *Quæstiones Alnetanæ*, immortalisera le nom de cette solitude, agréablement située dans le Bocage, qui est le canton le plus riant de la basse Normandie.

Il fut nommé à l'Evêché de Soissons en 1685. Avant que ses Bulles fussent expediées, M. l'Abbé de Sillery ayant été nommé à l'Evêché d'Avranches, ils permuterent avec l'agrément du Roi. Mais à cause de quelques brouilleries entre la Cour de France & celle de Rome, ils ne purent être sacrez qu'en 1692. Je m'imagine qu'un si long délai ne chagrina que fort peu M. Huet; car la vie qu'il avoit menée, & la seule qu'il aimoit, ne sympathisoit pas avec les fonctions

fonctions Episcopales. Aussi ne fut-il pas long-temps à s'en dégoûter. Il se démit de son Evêché d'Avranches en 1699.

Pour le dédommager, le Roi lui donna l'Abbaye de Fontenay, qui est aux portes de Caën. L'amour de M. Huet pour sa patrie, lui inspira de s'y fixer; & dans cette vuë, il appropria les jardins, & la maison de l'Abbé. Sa patrie lui avoit paru très-aimable, tant qu'il n'y avoit eu que des amis: Mais du moment qu'il y posséda des terres, les procez l'assaillirent de tous côtez, & le chasserent, quoiqu'il eût aussi, grace à son air natal, quelque ouverture pour le jargon de la chicane.

Alors il revint à Paris, & se logea dans la maison Professe des Jesuites, où il a vêcu ses vingt dernieres années, pendant lesquelles il s'est appliqué principalement à faire des notes sur la Vulgate. Il ne regardoit pas seulement la Bible comme la source de la Religion; mais il croyoit que c'étoit (a) de tous les Livres le plus propre

(a) *Commentar.* p. 354. Huetiana, p. 182.

propre à former & à exercer un Savant. Il avoit lû vingt-quatre fois le Texte Hébreu, en le conférant avec les autres Textes Orientaux. Tous les jours, dit-il, sans un seul d'excepté, il y employa deux ou trois heures, depuis 1681. jusqu'en 1712.

Une cruelle maladie, dont il fut attaqué cette année-là, & qui le tint au lit près de six mois, lui affoiblit considérablement, non pas l'esprit, mais le corps & la mémoire. Cependant dès qu'il eût un peu recouvré ses forces, il se mit à écrire sa vie, & il l'écrivit avec toute l'élégance, mais non pas avec tout l'ordre, ni avec toute la la précision de ses autres Ouvrages; parceque sa mémoire n'étoit plus la même qu'autrefois. Elle alla toûjours en diminuant. Ainsi, n'étant plus capable d'un Ouvrage suivi, il ne fit plus que jetter sur le papier des pensées détachées, travail proportionné à son état.

Quoiqu'il m'en ait confié son unique Copie pour la publier sous le titre d'*Huetiana*, je ne me flate point qu'à ce sujet on me permît de rapporter ici avec quelle complaisance il m'a m'a souffert, depuis que j'eus l'honneur de le connoître en 1708. On doute, lorsqu'il s'agit des Grands Hommes, si c'est amour-propre, ou reconnoissance qui fait que nous parlons de leur amitié; & souvent, de peur d'être soupçonnez d'une foiblesse, nous renonçons à un devoir.

Je ne saurois pourtant ne pas avoüer que c'est moi qui procurai la cinquiéme Edition de ses Poësies en 1709. Je m'en ressouviens d'autant plus volontiers, que sans cette Edition, qui *reveilla ses Muses endormies*, vraissemblablement il n'eût jamais songé aux cinq (*a*) nouvelles Métamorphoses, qu'il composa en 1710. & 1711. Tout son esprit s'y retrouve. Quelle délicatesse, & pour un Savant de ce rang-là, & dans un âge si avancé! Quelle fleur, & si nous osions parler ainsi, quelle jeunesse d'imagination!

Au reste, si l'on veut bien considérer qu'il a vêcu quatre-vingts & onze ans, moins quelques jours; qu'il se

(*a*) *Lampyris*, *Galerita*, *Mimus*, &c.

ſe porta dès ſa plus tendre enfance à l'étude ; qu'il a toûjours eu preſque tout ſon temps à lui ; qu'il a preſque joui toûjours d'une ſanté inaltérable ; qu'à ſon lever, à ſon coucher, durant ſes repas, il ſe faiſoit lire par ſes valets ; qu'en un mot, & pour me ſervir de ſes termes, *ni le feu* (a) *de la jeuneſſe, ni l'embarras des affaires, ni la diverſité des Emplois, ni la ſocieté de ſes égaux, ni le tracas du monde, n'ont pu modérer cet amour indomptable de l'érudiction, qui l'a toûjours poſſedé.* Une conſéquence, qu'il me ſemble qu'on pourroit tirer de-là, c'eſt que Mr. d'Avranches eſt peut-être de tous les hommes qu'il y eut jamais, celui qui a le plus étudié.

Outre qu'il étoit naturellement robuſte, il vivoit de régime. Dès l'âge de quarante ans il ne ſoupoit point. Encore dînoit-il ſobrement. Il ne mangeoit que des viandes communes, point de ragoûts, & à peine mettoit-il dans ſon eau une huitiéme partie de vin.

(a) Huetiana, p. 4. Voyez auſſi *Commentar. lib.* I, p. 15. & *lib.* V. p. 278.

vin. Sur le soir il prenoit une sorte de bouillon (a) médicinal. A la verité, lors même qu'il se portoit le mieux, il avoit le teint d'une pâleur à faire craindre qu'il ne fût malade.

Une singularité bien remarquable, c'est que deux ou trois jours avant sa mort, tout son esprit se ralluma, toute sa mémoire lui revint. Il employa ces précieux momens à produire des Actes de pieté, & mourut tranquille, plein de confiance en Dieu.

Je ne connois de ses Manuscrits, que ceux-ci. Une Traduction Latine des *Amours de Daphnis & de Chloé*, faite à dix-huit ans; un Roman intitulé *Le faux Yncas*, fait à vingt-cinq; un Traité Philosophique *de la Foiblesse de l'Esprit Humain*, fait dans le même temps que ses *Quæstiones Alnetanæ*; une Réponse à Mr. Regis, touchant la Métaphysique de Descartes; ses Notes sur la Vulgate; & un Recueil de cinq à six cens Lettres, tant Latines que Françoises, écrites

(a) C'est un bouillon connu sous le nom de bouillon rouge du médecin Delorme.

écrites à des Savans. Pour ce qui est de ses Livres imprimez, les voici dans l'ordre qu'ils ont paru.

De Interpretatione libri duo. Paris, 1661. in 4. Stade 1680. in 12. La Haye, 1683. in 8.

Origenis Commentaria in Sacram Scripturam. Rouën, 1668. in fol. 2. vol. Cologne, 1685. in. fol.

De l'Origine des Romains. *Paris*, 1670. 1678. 1685. 1693. 1711. in 12. *Londres*, 1672. in 16. *Angl. Amst.* 1679. 1716. in 12. *Belg.*

Discours prononcé à l'Académie Françoise. *Paris*, 1674. in 4. *Amst.* 1709. in 12.

Animadversiones in Manilium, & Scaligeri notas, à la fin du Manile Dauphin. Paris, 1679. in 4.

Demonstratio Evangelica. Paris, 1679. 1694. in fol. Amst. 1680. in 8. 2. vol Leipsic, 1694. in 4.

Censura Philosophiæ Cartesianæ. Paris, 1689. 1694. in 12. Helmstad, 1690. in 4. Franeker, 1690. in 12. Hanovre, 1690. in 12.

Quest. Alnetanæ. Caën, 1690. in 4.

De la situation du Paradis terrestre, *Paris*, 1691. in 12. *Leipsic*, 1694.

in 12. & in 4. *Amst.* 1701. in 12. *ibid. Lat.* 1698. in 12.

Nouveaux Mémoires pour servir à l'Histoire du Cartésianisme. *Paris*, 1692. 1711. in 12. *Utrecht*, 1698. in 16. *Amst.* 1698. in 12.

Statuts Synodaux pour le Diocèse d'Avranches. *Caën.* 1693. 1695. 1696. 1698. in 8.

Carmina. Utrecht, 1664. 1700. in 8. Deventer, 1668. *in* 8. Amst. 1672. in 16. Paris, 1709. in 12.

De Navigationibus Salomonis. Amsterdam, 1698. in 8. & in fol.

Notæ in Anthologiam Epigrammatum Græcorum : à la fin de ses Poësies, édition de Grævius. *Utrecht*, 1700. in 12.

Origines de Caën. *Rouën*, 1702. 1706. in 8.

Dissertations sur diverses matieres de Religion & de Philologie. *Paris*, 1712. in 12.

Histoire du Commerce & de la Navigation des Anciens. *Paris*, 1716. in 12. *Bruxelles*, 1717. in 12

Commentarius de rebus ad eum pertinentibus. Amsterdam, 1718. in 12.

Huetiana. *Paris*, & *Amst.* 1722. in 12.

INDICE

INDICE

des Parties de cet Ouvrage.

PRÉFACE.

LIVRE PREMIER.

4. *Empedocle.*

27. Me-

42. Nau-

63. *Et*

LIVRE SECOND.

LIVRE TROISIÉME.

O propose les Objections de nos adversaires, & on les refute.

CHAP.

PREFACE DE L'AUTEUR,

Aux Philosophes ses Amis.

1. *Exorde & Argument de l'Ouvrage.*
2. *Sa Division.*

I.

ECOUTEZ, Mes chers amis, non pas mon sentiment touchant la nature de l'Esprit humain, & de la Raison ; mais celui d'un excellent homme, fort versé dans toutes les Sectes anciennes & modernes de la Philosophie. Il étoit Provençal, homme de qualité. Il avoit beaucoup voyagé dans sa jeunesse, par rapport à ses études, & il avoit eu d'étroites liaisons avec ceux qui avoient quelque réputation dans les sciences spéculatives. S'étant trouvé depuis revêtu d'une Charge importante dans son pays, il se fit des ennemis puissans, qui lui rendirent de mauvais Offices, *Exorde & Argument de l'Ouvrage.*

& l'obligerent de quitter sa patrie, & de se retirer à Padouë, lieu agréable & propre aux études qu'il avoit toûjours cultivées, & que j'avois choisi depuis assez long-tems pour la retraite des miennes. Il me vint voir, selon son ancienne coûtume, non pas comme me croyant Philosophe, mais comme amateur de la Philosophie; tel qu'il m'avoit reconnu par quelques Ecrits qui m'étoient échappez. Je fus frappé d'abord de la beauté de son esprit, de l'étendue de son savoir; & principalement de sa candeur & de son honêteté. Flaté lui-même de la maniere pleine d'estime & de reconnoissance, dont je recevois ses visites, & de la conformité de nos inclinations, il ne fut pas long-tems sans m'ouvrir le fond de son cœur: Car après que j'eus remarqué qu'il attaquoit avec chaleur toutes les Sectes des Philosophes, à la maniere des Academiciens, sans s'attacher à aucune, & sans qu'il me fût possible, avec toute mon adresse, & par toutes les questions dont je le harcelois, de lui faire prendre parti, j'eus recours enfin aux sollicitations, & je le le priai très-sérieusement de se developer. Vaincu enfin par mon empressement, il se rendit, & dans cet entretien, & plusieurs autres qui suivirent, il me communiqua sans déguisement sa pensée, touchant la Philosophie. Ses discours me parurent subtils & fort éloignez des opinions communes, & je ne voulus pas les perdre. Je prenois donc soin de les écrire, si-tôt que nous étions séparez, de crainte de les oublier, & pour mon usage seulement, sans penser qu'ils dussent jamais sortir de mes mains. Voici donc comme il s'expliqua.

Lors que dans ma premiere jeunesse je m'appliquai à l'étude de la Philosophie, je fus fort choqué de ces disputes continuelles des Philosophes, sur toutes sortes de matiere; & dans l'attente de ces grands avantages de la Philosophie, que l'on m'avoit tant vantez, la connoissance de la Vérité, & le repos de l'esprit, j'étois fort surpris de me trouver plongé dans des tenebres épaisses d'une ignorance invincible, & dans des debats dont je ne voyois point la fin.

Et comme j'avois été élevé dans la Philosophie d'Aristote, suivant la coûtume de ce Siécle, j'étois encore plus étonné que la seule Secte de ce Philosophe eût pu produire une si grande diversité d'opinions, des Grecs, des Arabes, & des Latins; des Anciens, & des Modernes. J'admirois l'aveuglement de l'Esprit humain, voyant qu'Aristote avoit osé dire que les Philosophes, qui l'avoient précedé, étoient ou malhabiles, ou glorieux, d'avoir présumé qu'ils avoient porté la Philosophie à sa derniere perfection; mais qu'il croyoit pouvoir assurer que dans peu de tems ce grand Ouvrage seroit consommé: quoique les choses cependant en fussent si éloignées, que l'on voyoit tous les jours renaître de nouvelles contestations, & que le tems qui moderere toutes choses, aigrissoit au contraire les esprits des Philosophes; ensorte qu'il sembloit que leur science ne fût pas tant une recherche de la Vérité, comme ils s'en vantoient, qu'une méthode de chicaner avec addresse, & de disputer subtilement. Je souhaitois que quelque homme d'aud'autorité & de ſavoir, entreprît la même choſe, que l'on raporte du Proconſul Gellius, qui étant venu autrefois à Athenes, aſſembla tous les Philoſophes qui s'y trouvoient en grand nombre, & par un diſcours étudié les exhorta de terminer leurs longs debats, leur offrant ſa médiation & ſes bons offices. Cela a paru ridicule à bien des gens, mais non pas à moi : car l'accommodement eût pu ſe faire, ſi chacun d'eux ſe dépouillant de ſes préjugez, fût entré dans un nouveau & ſérieux examen des dogmes dont il paroiſſoit ſi entêté ; s'il n'eût proposé que comme incertain, ce qu'il avoit coûtume de ſoûtenir comme indubitable, & qu'il eût appris une bonne fois à retenir ſa créance, & à ſuſpendre ſon jugement. Je ne deſaprouverois pas non-plus l'étude que fit Neron de la Philoſophie, pour découvrir la cauſe d'une ſi grande diverſité d'opinions ; s'il eût eu un deſir ſincere de terminer ces controverſes, & non pas de les entretenir pour ſon divertiſſement, ſuivant la legereté & la malignité de ſon naturel.

La doctrine de Des Cartes a eu dans ces derniers tems une grande réputation : & parcequ'elle attiroit beaucoup de monde par sa nouveauté, comme il arrive d'ordinaire, plusieurs jugerent qu'Aristote seroit bien-tôt abandonné, & que Des Cartes prendroit le dessus. Las comme j'étois de la division des Peripateticiens, je voulus connoître ce qu'on pouvoit attendre de cette nouvelle Philosophie. Elle me plut fort ; car il me parut, que fondée sur un petit nombre de principes très-simples, elle penetroit aux premieres causes par une voye nette & facile. Je ne fus pas longtems néanmoins sans m'appercevoir, que les Peripateticiens se soûtenoient encore ; qu'il se formoit de dangereuses factions contre Des Cartes ; que Gassendi se faisoit chef de parti, & renouvelloit avec succès la Secte d'Epicure, toute décriée qu'elle étoit, & suspecte d'impieté, quoiqu'il eût beaucoup plus d'adversaires que d'approbateurs. Je me voulus donc retrancher dans le Platonisme, ne croyant pas pouvoir choisir un meilleur maître que ce grand homme, à qui l'antil'antiquité a donné le surnom de Divin, que tant de gens habiles ont admiré, & que les plus anciens Peres de l'Eglise ont suivi, employans sa methode & ses dogmes, pour expliquer & pour défendre la Doctrine Chrétienne. Mais lorsque je vins à approfondir cette Philosophie, moi qui cherchois des fondemens solides de la Verité, je n'y trouvai rien qui pût fixer mon esprit; nuls principes certains & déterminez; nul Systême ni tissu de doctrine; rien de lié; rien de suivi. Tout y est traité avec délicatesse & avec élegance; mais on y soûtient le pour & le contre, & on y défend l'affirmative & la négative par des raisons de même force, sans déterminer l'esprit à aucun parti. Outre que cette Secte vague & flottante, en a produit plusieurs autres, dont chacune prétend être la légitime & sincere doctrine de Platon, & toutes les autres corrompues. De sorte qu'après avoir leu les Ouvrages de Platon, & de la plûpart des Platoniciens, je me trouvai plus éloigné que jamais de la connoissance de la Verité. Cela ne me rebuta pas. Je voulus parcourir toute l'ancienne Philoſophie. J'en ramaſſai les Dogmes de tous côtez. Je lus exactement ce que Diogene de Laërte, & d'autres encore ont écrit de la vie, & des ſentimens des Philoſophes qui les avoient précedez ; eſperant que dans ce grand nombre de Sectes, quelque mépriſables qu'elles paruſſent, il s'en pourroit préſenter quelqu'une moins ſujette aux contradictions, & plus propre à fixer l'incertitude & l'agitation de l'eſprit.

Mon eſperance ne fut pas vaine. La doctrine d'Arceſilas, de Carneade, & de Pyrrhon me plut fort ; & je jugéai qu'ils avoient mieux connu la nature de l'Eſprit humain que tous les autres Philoſophes : quoi que je n'approuvaſſe pas leurs ſentimens en toutes choſes, & que les ayant abandonnez en pluſieurs points, je me fiſſe l'auteur de mon propre Syſtême. Un long uſage d'étude, de réfléxions, & de méditations m'ayant depuis fait mieux connoître moi-même à moi-même, je ſuis demeuré perſuadé, que ni en moi, ni en aucun autre homme, il ne ſe trouve point de faculté natu-

naturelle, par laquelle on puisse découvrir la Verité, avec une pleine & entiere assurance, & que la source de toutes les erreurs, c'est la précipitation de notre esprit, qui nous fait ajoûter foi trop legerement aux opinions qui nous sont proposées.

C'est ainsi que ce savant homme parla, & comme il remarqua l'étonnement où j'étois de voir renouveller une doctrine que je croyois entierement éteinte & abolie : Vous admirez ma hardiesse, me dit-il, d'oser avancer un discours qui semble choquer le sens commun ; ou plûtôt ma timidité & ma défiance, de n'oser ajoûter foi au témoignage de mes Sens & de ma Raison : Mais si vous voulez bien continuer de m'entendre, je me promets tant de la bonté de votre esprit, & de votre candeur, que vous admirerez au contraire la temerité & l'aveuglement de l'Esprit humain, qui croit voir ce qu'il ne voit point, & se précipite inconsidérément dans l'erreur. Je vous écouterai, lui dis-je, avec toute l'attention que vous pouvez desirer ; & Dieu veuille que vous puissiez executer

cuter ce que vous promettez. Alors il commença de parler ainsi.

II.

Sa Division. Pour donner des bornes certaines à cette dispute, il me paroît nécessaire de la diviser en trois parties. Il faut prouver avant toutes choses, que l'Esprit humain ne peut connoître la Verité par le secours de la Raison, avec une parfaite & entiere certitude. Il faudra chercher ensuite avec exactitude, quelle est la voye la plus sure, & la méthode légitime de philosopher. Nous répondrons en dernier lieu aux objections de ceux qui sont dans des sentimens contraires aux nôtres.

TRAITÉ PHILOSOPHIQUE DE LA FOIBLESSE DE L'ESPRIT HUMAIN.

LIVRE PREMIER.

La Verité ne peut être connuë de l'Entendement humain, par le secours de la Raison, avec une parfaite & entiere certitude.

CHAPITRE PREMIER

Il faut montrer premierement : 1. Ce que c'est que la Philosophie. 2. Ce que c'est que l'Entendement humain. 3. Ce que c'est qu'Idée. 4. Ce que c'est que Pensée. 5. Ce que c'est que la Raison. 6. Ce que c'est que la Verité. 7. Il y a plusieurs sortes & plusieurs degrez de Certitude. La Certitude de la Foi perfectionne la Certitude de la nature humaine.

CElui qui entreprend de prouver la foiblesse de l'Esprit & de la Raison humaine, trouve dès la premiere entrée de la Philosophie un grand champ ouvert, & battu depuis long-tems, par la plûpart des anciens Philosophes; dans lequel il faut combattre sur la nature & la recherche de la Verité. Car ce ne seroit pas garder l'ordre requis, que de travailler à connoître la Verité, sans savoir ce que c'est que la Verité, ni si elle peut être connuë.

Ce que c'est que la Philosophie.

1. Car la Philosophie n'étant autre chose que l'étude de la Sagesse, que la recherche de la Verité, & qu'un effort de l'Esprit humain pour connoître la Verité par le secours de la Raison; il est nécessaire qu'un Philosophe sache ce que c'est que la Verité, l'Esprit humain, & la Raison, & qu'il soit assuré que l'Esprit humain peut connoître la Verité, par le secours de la Raison, avant que de s'engager dans une recherche, qui lui donneroit beaucoup de peine, sans aucun succès. Comme un chasseur, qui se prépare à poursuivre une bête, s'il apprend que des rochers inaccessibles, & des abîmes impénétrables en empêchent l'abord, il ne se donnera point un travail inutile

le pour l'aller chercher. Tâchons donc de découvrir quelle est la nature de la Verité, de la Raison, & de l'Entendement de l'homme; autant qu'il est permis à l'homme de le découvrir. Car étant persuadé qu'on ne peut rien connoître par la Raison avec une parfaite certitude, je serois insensé si je prétendois connoître clairement & certainement, ce que c'est que la Verité & la Raison.

Ce que c'est que l'Entendement humain.

2. C'est donc ainsi que je définis l'Esprit humain: Un Principe, ou un Pouvoir né dans l'homme, lequel est émeu & ébranlé à former des Idées, & des pensées, par la reception & l'impression des Especes dans le cerveau. Ces Especes dont je parle, ne sont pas ces Images, ou Ombres qui partent des corps, que l'on appelle aussi Especes; mais j'entens les traces imprimées dans le cerveau par le mouvement des esprits & des nerfs, lorsqu'ils sont ébranlez par les organes de la sensation, excitez par des causes exterieures: laquelle impression de traces fait que l'Ame jointe intimement au cerveau, se trouve disposée d'une certaine maniere.

3. J'ap-

Ce que c'est qu'Idée. 3. J'appelle Idée, une Image que l'Ame disposée d'une certaine maniere par l'impression des Especes dans le cerveau, se forme à elle-même.

Ce que c'est que Pensée. 4. J'appelle Pensée, l'action de l'entendement, émeu, & déterminé par la reception des Especes dans le cerveau, à se former des Idées, les comparer ensemble, & en porter des jugemens.

Ce que c'est que la Raison. 5. J'appelle la Raison, cette Faculté qu'a l'Entendement humain de rechercher la Verité par ses operations naturelles.

Ce que c'est que la Verité. 6. Quant à la Verité, (non pas celle que les Philosophes appellent *Verité d'existence*, mais celle qu'ils appellent, *Verité de jugement*) je la définis ainsi : la convenance & le raport du jugement que fait nôtre Entendement en veuë de l'Idée qui est en nous, avec l'objet exterieur qui est l'origine de cette Idée. Pour expliquer cette définition, supposons que l'objet qui se présente au-dehors est un Loup, d'où s'est formé l'Idée qui est en moi ; mon Entendement en veuë de cette Idée, conçoit & juge que c'est un Loup. Ce jugement que forme

forme mon Entendement, se raporte & convient avec l'objet exterieur ; & c'est pourquoi on dit qu'il est veritable : & ce raport, & cette convenance du jugement que mon Entendement a formé, avec l'objet exterieur, s'appelle Verité. Comme au contraire si mon Entendement en veuë de cette Idée, conçoit & juge que c'est un Chien, ce jugement formé par mon Entendement est différent & dissemblable de l'objet exterieur, & c'est pourquoi on dit qu'il est faux ; & cette différence ou dissemblance d'avec l'objet exterieur, s'appelle fausseté ou erreur. J'appelle objet exterieur, soit qu'il soit présent, lorsque l'Entendemeut est meu & déterminé à y penser ; soit qu'il ait été présent auparavant, & ait formé son Idée en nous ; soit la représentation de cet objet que nous avons veuë auparavant ; soit la description que l'on nous en a faite. De là vient que dans le sommeil, & dans les rêveries de la fievre ou de la fureur, il se présente tant d'images à l'Entendement, dont les objects exterieurs ne sont point présents ; mais dont les Idées nous

sont

ſont demeurées. Quelques - uns définiſſent autrement toutes ces choſes que nous venons de définir, & attachent d'autres notions à ces termes. Je me ſervirai de celles que je viens de propoſer. Que s'il ſe trouve donc que la nature de l'homme ſoit telle, qu'il ne peut connoître avec une parfaite certitude, & une entiere évidence, par le ſecours de ſa Raiſon, que cet objet exterieur convient & ſe raporte avec le jugement que mon Entendement en a formé, en veuë de l'Idée que j'en ai; il faut néceſſairement avouër que l'homme ne peut connoître la Verité avec une parfaite certitude, par le ſecours de ſa Raiſon.

Il y a plusieurs sortes & plusieurs degrez de Certitude: La Certitude de la Foi perfectionne la Certitude de la nature humaine.

7. Au reſte, il y a deux manieres de connoître la Verité. Car ou on la connoît avec doute & incertitude; comme quand on voit, ou que l'on croit voir, ſelon le langage du Poëte, la Lune au travers des nuages. Ou on la connoît avec Certitude; & cette Certitude a auſſi deux degrez: Car la Certitude avec laquelle les Bien-heureux connoiſſent les choſes dans le Ciel, que l'on peut appeller le

le ſouverain degré de Certitude, eſt différente de la Certitude avec laquelle les hommes connoiſſent les choſes ſur la terre pendant leur vie. De-plus, cette derniere ſorte de Certitude a encore deux degrez : Car nous connoiſſons très-certainement par la Foi les choſes que Dieu a revelées, d'une Certitude que l'on peut appeller divine, puiſque Dieu en eſt l'auteur ; & nous connoiſſons les autres choſes d'une Certitude humaine. Cette Certitude humaine a encore divers degrez ; car il y a des choſes que nous connoiſſons plus certainement que les autres. Nous connoiſſons plus certainement & plus évidemment, que le tout eſt plus grand que ſa partie, que nous ne connoiſſons que la Planete de Saturne eſt au-deſſus de celle du Jupiter, & que nous ne connoiſſons ce qui eſt atteſté par deux témoins. Cette derniere connoiſſance n'eſt certaine que d'une Certitude de probabilité ; la ſeconde eſt certaine d'une véritable Certitude ; & la premiere eſt très-certaine. Ce ſont donc trois degrez de Certitude humaine ; le plus élevé, celui

celui du milieu, & le plus bas : dont chacun même peut recevoir de l'augmentation ou de la diminution.

Il y a encore deux autres genres de Certitude humaine ; l'un que l'on peut appeller Physique, l'autre Moral. Je ſçai certainement que deux fois deux font quatre, & que deux corps qui ſont égaux à un troiſiéme, ſont égaux entre eux. Je ſçai certainement auſſi, que près du Boſphore de Thrace il y a une Ville nommée Conſtantinople, & qu'il y a eu à Rome un Empereur, nommé Auguſte ; que le feu échauffe, & que la glace refroidit. J'ai ces premieres connoiſſances avec une Certitude, que j'appelle Phyſique, par la lumiere naturelle, qui eſt une faculté que la nature a donnée à mon Entendement : & j'ai ces dernieres connoiſſances, par des témoignages ſuffiſans, par l'autorité de l'uſage, & par le raport de l'expérience ; auſquelles choſes les hommes ſuivant leurs mœurs, & leur pratique ordinaire, ont coûtume de donner leur créance avec Certitude. Tout cela vous fait voir combien de ſortes de Cer-

Certitude Dieu a donné à l'Entendement humain pendant cette vie. Cette Certitude divine avec laquelle nous connoissons les choses par la Foi, n'est pourtant pas égale à cette Certitude celeste des Bien-heureux, ni pour la fermeté, ni pour l'évidence, suivant le témoignage de St. Paul (*a*), lorsqu'il dit: Que *Nous voyons présentement par un miroir, en énigme*; & que les Bien-heureux voyent dans le Ciel *face à face*; qu'il connoît en partie présentement, & qu'alors il connoîtra *comme il est connu*. De plus cette Certitude de la Foi, qui nous vient de Dieu, & dont nous jouïssons présentement, est fort au-dessus de la Certitude humaine, & même celle du premier degré; soit que nous l'ayïons acquise par le secours de la Raison, ou par le secours des Sens. C'estpourquoi saint Chrysostome (*b*) a dit avec beaucoup de verité, que si nous ne tenons pas plus certaines les choses que nous connoissons par la Foi, que celles que nous

(*a*) 1. *Cor.* XIII. 9. 12.
(*b*) *S. Chrysost.* Hom. 21. sur l'Epist. aux Hebr.

nous connoissons par les Sens, nous manquons de Foi. Puisqu'il est donc vrai, que le souverain degré de Certitude humaine, comme par exemple, celui par lequel je tiens certains les premiers principes, & les Axiômes Géometriques, est fort inferieur à la Certitude de la Foi; & que la Certitude de la Foi est fort inferieure à la Certitude des Bien-heureux, il est évident que le souverain degré de la Certitude humaine n'est pas parfait: car ce qui est parfait est accompli de tous points, & rien ne lui manque de tout ce qui est nécessaire pour une entiere perfection. Or il manque à la Certitude humaine, cette partie de Certitude qui se trouve dans la Certitude de la Foi, & qui ne se trouve pas dans la Certitude humaine; & il manque de plus à la Certitude humaine, cette autre partie de Certitude qui se trouve dans la Certitude des Bien-heureux, & qui ne se trouve pas dans la Certitude de la Foi.

Quand je dis donc que l'homme ne peut connoître la Verité avec Certitude, il faut l'entendre ainsi; que l'homme en cette vie ne peut connoître

tre la vérité avec cette ſuprême Certitude, à qui il ne manque rien pour une entiere perfection ; mais qu'il peut connoître la Vérité avec une Certitude humaine, à laquelle Dieu a voulu que l'Entendement humain pût parvenir, pendant qu'il eſt joint à ce corps mortel. L'Entendement humain n'ayant rien de plus ſeur n'y de plus ſolide, ſurquoi il puiſſe s'appuyer, que cette Certitude, on peut l'appeller la ſouveraine Certitude humaine, quoiqu'elle ne ſoit pas entierement parfaite, & que l'homme aidé ſeulement des forces de la nature, ne puiſſe connoître la Verité avec une parfaite Certitude & une entiere évidence ; & qu'il la puiſſe connoître bien plus certainement par le ſecours de la Foi ; mais ſuivant les termes de l'Apôtre, *Par un miroir en énigme.*

Car ce qui manque à la nature humaine pour avoir une parfaite connoiſſance des choſes, la grace de Dieu le ſupplée par la Foi, elle fortifie la foibleſſe de la Raiſon & des Sens, elle chaſſe l'obſcurité des doutes, & ſoûtient l'Entendement chancelant.

Mais

Mais je vais bien-tôt expliquer toutes ces choses plus au long.

CHAPITRE II.

L'Homme ne peut connoître la Verité par le secours de la Raison, avec une parfaite & entiere Certitude. Premiere preuve tirée des Auteurs Sacrez.

Mais avant que de le prouver par les choses mêmes, nous le démontrerons par l'autorité de Dieu, qui nous avertit souvent de notre ignorance dans les Livres Sacrez, & nous apprend que nous nous donnons une peine inutile, lorsque nous voulons parvenir à la connoissance des choses & de leurs causes; & que l'homme de sa nature est fait de telle sorte, qu'il ne peut retirer de ses études le fruit d'un veritable savoir. Voici comme il s'explique par la bouche de Salomon, le plus sage des hommes : (a) *J'ai appliqué mon esprit, pour*

(a) *Eccl.* VIII. 16. 17.

pour acquerir la ſcience, & pour connoître les événemens qui arrivent ſur la terre. Il y a tel homme qui y travaille jour & nuit, & ſe prive du ſommeil. Et j'ai compris, que l'homme ne peut trouver aucune raiſon de tous les ouvrages de Dieu, qui ſe font ſous le Soleil; & que plus l'homme ſe travaillera pour la chercher, moins il la trouvera; & qu'encore qu'un homme ſage ſe vante de l'avoir trouvée, il ne la pourra trouver. Il rejette ſur le corps la cauſe de cette foibleſſe, dans la maſſe duquel tant que l'eſprit demeurera enveloppé, il ne pourra jamais s'élever à la connoiſſance des choſes: Car il dit: (a) *Le corps corruptible appeſantit l'ame, & cette demeure terreſtre abbaiſſe l'entendement plein de beaucoup de penſées. A peine pouvons-nous connoître par conjecture les choſes qui ſont ſur la terre: nous ne pouvons découvrir ſans travail ce qui eſt ſous nos yeux. Qui eſt-ce qui pourra découvrir ce qui ſe fait dans le Ciel? Qui eſt-ce qui connoîtra vos deſſeins, ſi vous ne don-*

nez

(a) Sap. IX. 15. & ſuiv.

nez votre sagesse, & si vous n'envoyez d'enhaut votre Saint Esprit ?

Il déclare en un autre endroit que ce désir infini de sçavoir, qui est né avec nous, a été donné de Dieu à l'homme, comme une demangeaison & une lépre, pour le tourmenter sans aucun fruit. (a) *J'ai veu*, dit-il, *l'affliction que Dieu a donnée aux hommes, pour les exercer. Tout ce qu'il a fait, est bon, & il l'a fait dans son tems ; & il leur a livré le monde, comme une matiere de méditation & de dispute ; mais sous cette condition que l'Ouvrage que Dieu a fait depuis le commencement jusqu'à la fin, demeurera inconnu à l'homme.* De-là viennent ces Sentences de l'Ecclésiastique, qui paroissent avoir été tirées des Ecrits de Salomon. (b) *Ne cherchez point ce qui est au-dessus de votre portée, & n'entreprenez point de pénétrer ce qui surpasse vos forces : mais occupez toujours votre pensée des choses qu'il vous a commandées, sans porter votre curiosité dans*

(a) Eccl. III. 10, 11.
(b) Eccl. III. 22. & seq.

dans la multitude de ses Ouvrages : car il ne vous est point nécessaire de voir de vos yeux les choses qui sont cachées. Ne vous engagez point dans une recherche laborieuse des choses superfluës, & ne poussez point vôtre étude dans le grand nombre de ses œuvres ; car il vous a fait voir une infinité de choses, qui sont au-dessus de votre conception. Saint Paul qui fut envoyé de Dieu pour enseigner aux Gentils la véritable Philosophie, montre clairement aux Grecs, qui cherchoient la connoissance de la Vérité avec tant d'empressement, combien les ouvrages de Dieu sont au-dessus de la portée de l'Esprit humain. (a) *Il est écrit*, dit-il, *je perdrai la sagesse des sages, & la prudence des prudens. Où est le Sage ? Où est le Docteur de la Loi ? Où est cet homme studieux des choses de ce Siécle ? Dieu n'a-t'il pas rendu folle la sagesse de ce Siécle ? Car parceque dans la sagesse de Dieu, le monde n'a pas connu Dieu par la sagesse ;* (c'est-à-dire, par la sagesse humaine qui est la Raison) *il a plu à Dieu*

(a) 1. Cor. I. 19, & suiv.

Dieu de sauver les fidelles par la folie de la prédication ; c'est-à-dire, de pourvoir au Salut de ceux qui se servent de la Foi, & non pas de la Raison. Et ensuite : *Les Gentils cherchent la Sagesse, mais pour nous, nous prêchons Jésus-Christ crucifié.* Puis il ajoûte : *Ce qui est folie en Dieu, est plus sage que les hommes.* Et plus bas : *Dieu a choisi ce qui est folie dans le monde, pour confondre les Sages.* Et il dit ensuite : (*a*) *La Sagesse de ce monde est folie devant Dieu.* Et il confirme enfin cette doctrine tirée d'Isaïe, par cette oracle de David : (*b*) *Dieu sçait que les pensées des hommes sont pleines de vanité.* Il détourne aussi les Colossiens de l'étude de cette orguëilleuse & trompeuse Philosophie, qui s'appuye sur la Raison humaine, & non sur la Foi de Jesus-Christ. (*c*) *Prenez garde*, dit-il, *que personne ne vous trompe par le moyen de la Philosophie, & de cette vaine tromperie,*

(*a*) 1. *Cor.* III. 19.
(*b*) *Isa.* XXIX. 14. & XXXIII. 18. *Psalm.* XCIII. 12.
(*c*) *Col.* II. 8.

tromperie, suivant la tradition des hommes, & les élemens de ce monde, & non suivant Jesus-Christ. Ce fut donc par ces considérations que l'Empereur Constantin (*a*), dans la Harangue à l'Assemblée des Saints, osa dire publiquement que l'homme ne peut connoître la Vérité. Et Arnobe plus ancien que Constantin, a écrit que (*b*) l'homme est *un animal aveugle, qui ne se connoît pas lui-même, & qui ne peut connoître par aucunes raisons, ce qu'il faut faire, en quel temps, & en quelle maniere.* Il met aussi au nombre des bienfaits, dont la nature humaine est redevable à Jesus-Christ, & pour lesquels il auroit mérité d'être estimé Dieu, quand il n'auroit été qu'un simple homme, de ce qu'il a montré que les hommes sont *des animaux informes, qui donnent leur créance à de vaines opinions, qu'ils ne peuvent rien comprendre, ni rien sçavoir, ni voir ce qui est devant leurs yeux.* Il dit en un autre endroit, que lorsque l'Entendement humain

(*a*) *Constant. Orat. ad cœt. Sanct.* cap. 8.
(*b*) *Arnob.* Lib. 1. & 2. p. 46. 47.

humain *veut connoître la Verité, l'obscurité des choses s'y oppose, & que comme étant aveugle, il ne voit rien de certain, & que par les détours obliques des soupçons & des conjectures, il tombe dans l'erreur ; qu'on dispute de tout, & que l'on ne sçait rien* ; & qu'encore que nous ne sachions rien, nous nous abusons néanmoins, nous abandonnant à notre orgueil, qui nous persuade que nous avons acquis la science, & que notre foiblesse & notre ignorance est d'autant plus digne de compassion, qu'encore qu'il nous puisse arriver quelquefois de dire vrai, nous ne savons pas même certainement si nous avons dit vrai ; & que ç'a été dans cette veuë que Jesus-Christ a détourné l'Esprit de l'homme de la recherche de ces choses qui sont au-dessus de sa capacité, & les a excitez à la contemplation & au service de Dieu.

Lactance, diciple d'Arnobe, a marché sur les traces de son maître, & a enseigné que l'homme ignore la Verité, qu'il ne connoît rien par la Philosophie, & qu'il faut régler sa vie suivant les coûtumes reçuës. Tout son Ouvrage des Institutions

tutions est rempli de cette Doctrine, mais particulierement lorsque comme pour nous exciter à faire ce que nous faisons présentement, il parle ainsi : (*a*) *Les Saintes Lettres nous apprennant que les pensées des Philosophes sont folles, il faut établir cette Doctrine & par les effets, & par les preuves, de-peur que quelqu'un trompé par ce nom spécieux de Sagesse, ou abusé par l'éclat d'une vaine éloquence, aime mieux ajoûter foi aux choses humaines, qu'aux choses Divines* : c'est-à-dire, obéïr plûtôt à la Raison qu'à la Foi.

Saint Gregoire de Nazianze (*b*) nous avertit de notre ignorance, lorsqu'il dit que nous ne voyons l'état & les raisons des choses créez & de la création, que par un nuage, pendant que nous sommes dans cette vie ; tant les ténébres dont notre esprit est couvert sont épaisses, tant la pesanteur de notre corps nous fait obstacle ; mais que nous verrons les choses clairement, quand nous en serons délivrez. Tel est le sentiment de

(*a*) *Lactant. Instit.* Lib. 3. cap. 1.
(*b*) *Greg. Naz. Orat.* 34. *qua est* 2. *de Theologia.*

de S. Augustin. (*a*) *Ce n'est pas là la Philosophie de ce monde*, dit-il, *que nôtre Religion déteste avec justice; mais la Philosophie d'un autre monde intelligible, à laquelle cette Raison, toute subtile qu'elle est, n'auroit jamais rappellé nos ames, aveuglées comme elles sont des diverses ténébres de l'erreur, & souillées des saletez de ce corps, si Dieu par sa clémence envers les hommes, n'avoit rabbaissé & soumis au corps humain l'autorité de l'Entendement divin; dont non seulement les préceptes, mais les Actes mêmes auroient pu exciter les ames à rentrer en elles-mêmes, & tourner les yeux vers leur patrie, même sans la contention des disputes.*

Et dans un autre endroit il s'exprime ainsi: (*b*) *Parceque l'Entendement humain obscurci par l'habitude des ténébres, dont ils sont envelopez dans la nuit du péché, ne peut envisager fixement la clarté & la sainteté de la Raison, ç'a été un établissement fort salutaire, que de laisser conduire & diriger par*

(*a*) *Augustin. contr. Academic.* Lib. 3. cap. 19.
(*b*) *Augustin. De mor. Eccles. Cath.* cap. 2.

par l'autorité vers la lumiere de la Vérité, nôtre veuë chancellante, & couvert des ramaux de l'humanité. (*a*) Isidore de Peluse déclare qu'il sçait très-clairement qu'il ne sçait rien, suivant la maxime de Socrate.

On applaudit dans le Concile de Nicée avec un consentement universel, à ce qui fut dit par un homme du Peuple, que Jesus-Christ & les Apôtres ne nous avoient pas enseigné les subtilitez de la Dialectique, & les finesses du raisonnement; mais une Doctrine claire & nette, qui s'est conservée par la Foi & les bonnes œuvres. Quand il fallut juger de la Doctrine d'Arius, Alexandre Evêque de Constantinople n'eut recours qu'à la grace de Dieu, & méprisa les rafinemens de la Logique. Saint Thomas enfin, ce célébre Dictateur de l'Ecole a prononcé, que nos Esprits sont si étroitement enchaînez par les Sens, qu'ils ne peuvent comprendre parfaitement les choses, & que leur imbécillité est si grande, que s'ils veulent juger des choses qui sont certaines

(*a*) *Isidor. Pelus.* Lib. 3. Epist. 241.

nes par elles-mêmes, elles deviendront incertaines.

CHAPITRE III.

SECONDE PREUVE.

L'Homme ne peut connoître avec une parfaite & entiere Certitude, qu'un objet extérieur répond exactement à l'Idée qui en est empreinte en lui. 1. Les images, especes, ou ombres, qui partent des corps extérieurs, & qui se présentent à nous, ne leur sont pas semblables. 2. La fidélité du milieu interposé, par lequel l'ombre ou espece de l'objet extérieur passe, pour venir à l'instrument de notre sensation, est douteuse. 3. La fidélité des Sens est douteuse. 4. La fidélité des nerfs & des esprits animaux est douteuse. 5. La fidélité du cerveau est douteuse. 6. La fidélité de l'Esprit ou Entendement humain est douteuse, & sa nature nous est inconnuë.

MAis il faut montrer par la chose même, que l'homme ne peut connoître

connoître la Verité par la raiſon, avec une parfaite Certitude. J'ai dit ci-deſſus que la Verité eſt la convenance de l'objet extérieur, avec le jugement qu'en forme nôtre Entendement, en veuë de l'idée de cet objet, qui eſt en nous. Or l'homme ne peut être certain de cette convenance, qu'il ne ſoit certain auparavant que l'eſpece, ou image, qui part de objet extérieur, de quelque nature qu'elle puiſſe être, eſt la véritable image de cet objet. Il faut de-plus qu'il ſoit certain, que cette eſpece, ou image, eſt portée entiere aux organes des Sens, ſans avoir reçu aucune altération par la rencontre des choſes interpoſées. Il faut qu'il ſache enſuite avec certitude, que les organes des Sens après avoir été ébranlez par l'abord de cette eſpece, lorqu'ils vont avertir le cerveau de cet ébranlement, par le moyen des fibres du corps, ont été des meſſagers ſurs & fidelles, & qu'ils n'ont rien changé au veritable état de la choſe qu'ils ont rapporté. Il eſt néceſſaire en outre, qu'il ſoit aſſuré que lorſque le cerveau excité par cet avertiſſement, fait connoître à l'Ame qui lui est jointe l'avis qu'il a reçu, lui fait son rapport de bonne foi, sans rien changer de l'état des choses. Et l'homme enfin doit sçavoir certainement que le jugement que forme son Ame sur ce rapport du cerveau, est juste & sûr. Toutes ces choses sont de telle nature, que quelque peine que puisse prendre le Philosophe le plus subtil, il ne peut alleguer aucune preuve de la certitude de ces choses. Et nous au contraire nous avons plusieurs sujets de douter de la convenance de l'image, ou espece, de l'objet exterieur, avec cet objet; de la fidélité du milieu interposé par où passe cette espece, pour parvenir à l'organe des Sens; de la fidélité des Sens, du cerveau, & de la perception de nôtre Ame.

Les images, especes, ou ombres, qui partent des corps exterieurs qui se présentent à nous, ne leur sont pas semblables.

1. Car premierement, qui est-ce qui osera dire, que l'image, ou ombre, ou espece, qui s'écoule de ce corps extérieur, qui se présente à nous, est sa véritable ressemblance, sans aucune différence? Je n'examine point ici ce que c'est qu'image; car cette recherche ne convient pas à ce lieu-ci, & je me sers cependant des opinions

opinions & des termes, dont on se sert communement dans les Écoles des Philosophes. Par quel art, par quelle industrie mon Entendement, qui juge de cette ressemblance, peut-il comparer cet objet extérieur avec son image; puisque l'un & l'autre sont hors de mon Entendement; puisque cette image ne peut être ni arrêtée, ni considerée, & que quelques-uns mêmes ont douté si elle existoit?

Supposons toutefois qu'elle puisse être considerée, & qu'on puisse en juger, on les trouvera sans doute fort dissemblables. L'espece, ou image, qui part d'un arbre, est-elle un arbre? Et si elle n'est pas un arbre, peut-elle être semblable à un arbre? Car nous abusons du mot de *ressemblance*, quand nous disons qu'un tableau, ou une statuë ressemble à son original. Il s'agit d'une véritable & parfaite ressemblance, qui ne représente pas seulement la figure extérieure, la grandeur, & la couleur; mais toutes les proprietez du corps entier & des parties qui le composent, tant celles du dedans que du dehors. A quoi s'il manque quelque chose, il y aura en cela une dissemblance, & nous ne connoîtrons pas l'objet extérieur tel qu'il est. Or l'espece, ou image de cet arbre est différente de l'arbre en plusieurs choses. L'arbre est visible, il est immobile, il est solide; son espece, ou image, n'est point visible, elle n'a nulle consistence, & est très-mobile, très-mince & très-fluide.

La fidélité du milieu interposé, par lequel l'ombre, ou espece de l'objet extérieur, passe pour venir à l'Instrument de notre Sensation, est douteuse.

2. Mais quand j'accorderois que l'image ou espece de l'objet extérieur lui est entierement semblable, il ne laisseroit pas de demeurer constant par une infinité d'expériences, que le milieu par où passe cette espece, qui part de l'objet pour venir ébranler l'organe de la sensation; est fort variable, & changeant. Prenons pour exemple l'image ou espece de la couleur d'un objet, qui vient frapper l'œil. La couleur que l'on voit au soir dans les objets, est différente de celle qu'on y voit au midi. La couleur que l'on y voit à la lumiere du Soleil; est différente de celle que l'on y voit à la lumiere d'un flambeau.

Si dans une chambre bien fermée on allume de l'eau de vie, dans laquelle

quelle

quelle on aura délayé du Sel ; ou qu'on allume du ſoufre dans un vaſe neuf, comme fit par divertiſſement Anaxilaus Medecin, au raport de Pline (*a*), les viſages de ceux qui ſeront préſents, paroîtront pâles d'une pâleur cadavereuſe, & l'on croira voir marcher des corps morts. Les maiſons ſemblent trembler, lorſqu'on les regarde au-travers de la fumée qui ſort d'un feu allumé. Nous voyons une grande varieté de couleurs dans les objets, qui ſont proches de nous. Si nous regardons ces mêmes objets dans une grande diſtance, ils paroîtront tous d'une même couleur, & cette couleur eſt ordinairement bleuë, telle qu'on la remarque dans la Mer & dans le Ciel, quoique ni l'un ni l'autre ne ſoit bleu : Car ce bleu de la Mer, change ſelon la diverſité du vent, & devient quelquefois de couleur de pourpre, & quelquefois jaune. Ces vaſtes corps des Aſtres, dont nous connoiſſons la grandeur par les Mathematiques, de quelle petiteſſe paroiſſent-ils à nos yeux ?

Faut-

(*a*) *Plin.* Lib. XXXV. cap. 15.

Faut-il raporter l'exemple de l'aviron, qui, quoi que véritablement droit, paroît rompu à l'endroit où il sort de l'air pour entrer dans l'eau ? Celui des verres colorez qui donnent leur couleur aux especes, ou images, des corps exterieurs, lorsqu'ils en sont traversez ? Celui des Prismes de verre, qui bien que composez de trois faces plates, & d'une matiere simple, nette, & transparente, si on les approche de l'œil, feront paroître ronds tous les objets exterieurs, & peints d'une agréable diversité de couleurs : & celui de ces feüilles d'or, qui, bien qu'elles soien jaunes, paroissent vertes, quand on regarde le jour au-travers ?

On peut dire la même chose des sons, & des odeurs, qui nous paroissent differents selon la diversité du milieu par où ils passent pour venir à nous. Il est donc constant que ces especes, ou ombres, ou images des corps exterieurs, sont sujettes à une infinité de changemens, selon la varieté & le changement du milieu par où elles passent.

3. Su-

3. Suposons néanmoins encore, que ces especes, ou pour parler comme Apulée (*a*), que ces dépouilles, qui s'écoulent sans cesse des corps, sont reçues par nos Sens sans aucun changement, combien de preuves ont aporté les Philosophes, pour nous convaincre de l'infidelité de nos Sens? Je n'en raporterai qu'une, à laquelle je ne vois pas ce que l'on peut répondre.

La fidelité des Sens est douteuse.

Il est certain que le Sens dépend de l'instrument du Sens. Nous sentons les choses autrement, quand les organes des Sens sont sains & vigoureux; & autrement, quand ils sont malades. Plusieurs choses étoient à notre goût pendant notre enfance, qui nous paroissent dégoûtantes dans un âge avancé. Il y a bien des gens à qui les objets paroissent plus grands, lorsqu'ils les regardent d'un œil; & plus petits, lorsqu'ils les regardent de l'autre. Puisque la diversité des Sens est si grande, que l'on n'y peut pas même trouver de conformité dans la même personne, il faut avouër que cette

(*a*) *Apul.* Apol. 2.

cette diversité est plus grande encore, dans cette multitude d'hommes, dont les corps, & les organes des Sens qui dépendent des corps, sont si dissemblables. Car si la difference des visages est si grande, qu'il semble qu'en cela la nature a voulu se jouër, ou éprouver sa fécondité; & que dans un si grand nombre d'hommes, on n'en peut pas trouver deux qui se ressemblent parfaitement, pourrons-nous croire qu'ils ne different en rien dans la conformation interieure de leur corps, puisque leurs figures exterieures sont si differentes? Que si nous sommes assez simples pour le croire, les Medecins se moqueront de nous, puisqu'ayant dissequé des corps humains, ils ont trouvé une grande diversité dans les parties du dedans.

Il faut donc avouër que nos Sens ne sentent pas les choses exterieures, mais seulement l'impression des especes, ou images, qui partent des choses du dehors; & que cette impression qui vient du dehors, ne fait pas le même effet dans tous les hommes; mais est differente selon la diversité des organes des Sens, comme les sons sont

sont differens, selon la differente grosseur, & la differente tension des cordes qui les rendent; & partant que l'on ne peut savoir, laquelle de toutes les sensations, qui sont produites en differentes personnes par un même objet exterieur, est plus differente de cet objet.

C'est ce que le Satirique a élegamment exprimé par ces paroles: *Nos yeux nous trompent, & l'incertitude de nos Sens impose à la Raison. Une tour que je vois quarrée, quand je la regarde de près, me paroît ronde dans l'éloignement. Un homme rassasié rebute le miel, & le nez a souvent de l'aversion pour les parfums. Une chose ne nous plairoit pas plus qu'une autre, si les Sens ne se faisoient pas une guerre immortelle.*

La fidélité des nerfs & des esprits animaux est douteuse.

4. Continuons à être faciles, comme nous avons commencé, & suposons encore, que le témoignage des Sens est fidele, lorsqu'ils reçoivent du dehors les especes, ou images, qui portent une déclaration certaine & particuliere de l'objet exterieur d'où elles sont parties; & telle qu'elles n'en puissent pas porter une semblable de

l'objet exterieur d'où elles ne sont point parties : ce que Zenon jugeoit nécessaire pour la connoissance de la Vérité ; qui est-ce qui nous répondra de la fidelité des Sens, lorsqu'ils raporteront à l'Entendement les sentimens qu'ils auront eus ? Car ils se servent pour cela des fibres des nerfs, dont la conformation étant fort diverse, comme les Medécins l'ont remarqué, il s'ensuit que les raports qu'ils font à l'Entendement ne peuvent pas être uniformes. Ils se servent aussi des esprits animaux, qui ne se trouvent pas en même quantité dans tous les hommes, & dont les mouvemens sont fort differens.

Je sçai que Des Cartes a cru, & a fait croire à beaucoup de gens, que les esprits animaux vont du cerveau dans les tuyaux des nerfs, & se répandent autour des fibres interieures des nerfs, & qu'ils servent à exciter le mouvement dans les muscles; que ces fibres sont semblables à des filets fort déliez, & jointes ensemble en forme de cordes, qui s'étendent de tous côtez jusqu'à l'extrêmité des membres exterieurs, & servent aux

organes

organes des Sens ; enſorte que l'organe du Sens étant ébranlé par l'eſpece ou image de l'objet exterieur, les fibres qui ſont jointes à cet organe, ſont auſſi ébranlées ; & que comme elles ſont environnées & enflées de ces eſprits animaux, elles portent au cerveau avec une très-grande vîteſſe ce mouvement qui leur a été imprimé dans les extrêmitez & les parties exterieures de nôtre corps. Comme lorſque l'on touche une corde tendue par une des extrêmitez, l'autre extrêmité eſt auſſi-tôt ébranlée.

Pour moi, qui par pluſieurs diſſections que j'ai faites des corps d'animaux vivans, ai reconnu clairement que les tuyaux des nerfs, qui ſont répandus par tout le corps, quelqu'enflez qu'ils ſoient par les eſprits animaux ; ſont très-lâches & fort tortueux, & contournez en pluſieurs manieres differentes, & qu'ils s'allongent & s'accourciſſent aiſément par le mouvement de la partie à laquelle ils ſont attachez ; je ne puis pas comprendre comment ils reſſemblent à une corde tendue, ni comment ils peuvent porter au cerveau avec tant de de vîtesse ce mouvement qui leur a été imprimé dans une de leur extrêmitez. Suposons toutefois que cela se puisse faire en quelque maniere, il est toûjours certain que les esprits animaux sont beaucoup plus propres à cette fonction ; parcequ'étant, comme ils sont, d'une subtilité & d'une legereté nompareille, & remplissant la cavité du nerf, il est aisé de comprendre que le mouvement qui leur est imprimé par le dehors, est porté incontinent au cerveau. Car encore que les canaux qui renferment ces esprits, soient sinueux & contournez tant qu'on voudra, ils gardent néanmoins leur disposition & leur forme. De même que quand on sonne d'une trompette recourbée, si lorsqu'on met la bouche à un des trous, on applique la main à l'autre trou, on sentira que la main est poussée par l'air du dedans, si-tôt que cet air interieur est poussé par le souffle de la bouche.

Cette opinion n'est point combatue par l'experience que l'on a faite quelquefois d'une Paralysie, qui a fait perdre le mouvement à un des membres, sans

ſans lui avoir ôté le ſentiment ; car ce membre reçoit le mouvement, quand un grande quantité d'eſprits eſt portée dans ſes muſcles par les nerfs. Que ſi le cerveau ne fournit pas la quantité d'eſprits néceſſaire pour enfler ce muſcle, ou que ce muſcle ne les reçoive pas, & qu'il n'en demeure qu'autant qu'il en faut pour emplir ce nerf ; le ſentiment y reſtera ſans le mouvement. Il ſe peut faire auſſi que comme il y a pluſieurs fibres cachées dans la concavité du nerf, quelques-unes ſoient deſtinées pour fournir des eſprits aux muſcles, & les porter vers les extrêmitez du corps, & former le mouvement. De même que le Sang étant porté du cœur aux extrêmitez par les arteres, eſt reporté par les veines des extrêmitez au cœur. Mais cela ſoit dit en paſſant. Ajoûtons ſeulement à ce qui a été dit ci-deſſus, que les eſprits ſont quelquefois ſi agitez, par la maladie, par le ſommeil, par le vin, & par d'autres cauſes, & que les fibres du cerveau ſont ſi violemment ébranlées, que le cerveau en reçoit diverſes impreſſions ; enſorte que l'Entendement penſe quelquefois

fois avoir de certains sentimens, que les organes des Sens n'ont point dûs.

La fidelité du cerveau est douteuse.

5. D'ailleurs le cerveau, qui est comme la Citadelle de l'Ame, le Laboratoire de la Raison, l'Ouvrier de la perception, telle qu'elle puisse être, est-il d'une même forme, & d'une même structure dans tous les hommes ? Ne le voyons-nous pas plus petit dans les uns, & plus grand dans les autres. La conformation de la tête, qui est une marque certaine de celle du cerveau, est si differente dans les hommes, que des Nations entieres ont la tête ronde, d'autres l'ont longue, quelques-unes pointue, & plusieurs l'ont plate. On sçait que la bonté de l'esprit, la force du raisonnement, & la fidelité de la memoire, viennent de la conformation, & de la disposition du cerveau & de la tête.

C'est une maxime du Philosophe Parmenide (*a*), que la disposition de l'Entendement de l'homme, dépend de

(a) *Parmenid. apud Arist. Metaph.* Lib. III. cap. 3.

de la diſpoſition des parties de ſon corps. L'experience, confirmée par un Proverbe commun, nous apprend que ceux qui ont de groſſes têtes ſont ordinairement gens de bon ſens, & que la petiteſſe de la tête eſt accompagnée de la legereté de l'eſprit. Hippocrate (*a*) raporte, que la Nation des Macrocephales, c'eſt-à-dire *des Longuetêtes*, étant perſuadée que la longueur de la tête contribuoit à la Valeur de l'homme, avoit d'abord employé l'artifice pour allonger la tête de leurs enfans, & que la nature enſuite ayant obéi à l'art, avoit donné cette figure à toutes les têtes de ce peuple. Il y a une Nation dans l'Amerique, qui prend ſoin de former en pointe les têtes de leurs enfans, & qui eſt toute folle & preſque furieuſe.

Therſite, cet homme qui nous eſt repreſenté par Homere ſi fat & ſi ſot, avoit la tête de cette même forme. De-là vient ce Proverbe, autant de têtes, autant d'avis: car de cette diverſité d'organes, qui nous ſont né-ceſ-

(*a*) *Hippocr. De aq. aër. & locis.* Sect. 3.

cessaires pour nous donner le sentiment des objets exterieurs, des fibres, des esprits, des cerveaux, & des têtes, & de leurs changemens, vient cette grande diversité d'opinions, qui se rencontre dans les hommes. De là vient aussi qu'ils sont si changeans dans leurs jugemens; qu'ils rejettent dans leur vieillesse ce qu'ils recherchoient dans leur enfance; que souvent dans un même jour, & quelquefois dans une même heure, un même homme change d'avis & d'inclinations, se contredit soi-même, & s'embrouille dans une si grande varieté de desirs.

La fidélité de l'Esprit, ou Entendement humain, est douteuse, & sa nature nous est inconnuë.

6. Mais quand tous ces organes, qui sont si peu sûrs, seroient d'une fidélité incontestable, nous ne serions pas pour cela plus instruits de la maniere dont l'Ame perçoit les especes, ou images, imprimées dans le cerveau; de la maniere dont elle juge des choses qu'elle a perçeuës, & de la maniere enfin dont ces especes qui sont purement corporelles & materielles, peuvent se faire sentir à l'Ame qui est incorporelle & immaterielle.

Puisque nous ne savons donc pas de

de quelle maniere cette impreſſion qui ſe fait dans le cerveau peut parvenir à l'Ame, & que l'Ame cependant ſe ſent ébranlée & affectée en quelque façon par le cerveau, qui a été ébranlé lui-même par un mouvent corporel; desorte qu'elle concevra l'objet extérieur d'une certaine maniere; comme, par exemple, elle concevra le Soleil comme un diſque lumineux & rayonnant, elle ſera incertaine ſi cette même figure ſe trouve dans l'œil, ou s'il s'y trouve une figure différente. Bien au contraire l'Ame eſt perſuadée que l'image du Soleil ſe repréſente renverſée dans l'œil, quoiqu'elle reconnoiſſe en ſoi-même une idée du Soleil qui n'eſt point renverſé. Elle eſt auſſi perſuadée que tous les objets qui viennent à elle par le rapport des yeux, ſe repréſentent en elle dans une ſituation contraire à celle dont ils ſont repréſentez dans les yeux; que ce qui lui paroît en haut, eſt dans le bas de l'œil; & que ce qui lui paroît à la droite, eſt dans le côté gauche de l'œil.

L'Ame eſt auſſi incertaine ſi l'image qui eſt partie du Soleil, eſt ſemblable à celle qui est représentée dans l'œil. Elle ne sçait pas même, si aucune image du Soleil s'est représentée dans son œil; ou si elle s'est formé elle-même cette idée sur les traces qui se sont trouvé imprimées auparavant dans le cerveau; de même que les Idées que l'on se forme dans le sommeil, dans la folie, ou dans l'yvresse, & qui n'ont cependant aucune réalité; & de même encore que les Idées que nous formons nous-mêmes étant éveillez, étant en nôtre bon sens, & étant sans yvresse.

D'ailleurs, l'on a recherché jusqu'à cette heure, par une infinité de méditations & de disputes, quelle est la nature de notre Entendement, la plus noble faculté de notre Ame, en quelle partie de notre corps il est placé; quelle est son action; s'il n'a aucunes Idées que par le ministere & le message des Sens, ou si la nature les lui a imprimées en le formant. Cette diversité même d'opinions qui se trouvent dans les hommes, la différence de leurs Idées, & de leurs manieres de concevoir les choses, qui sont des opérations de l'Entendement,

ment, nous montrent clairement combien la nature de l'Entendement est variable, incertaine, & inconnuë. Or toutes ces disputes & ces questions touchant la nature de l'Entendement, ne peuvent être décidées que par l'Entendement même, qui étant d'une nature douteuse, comment une chose douteuse se décidera-t-elle par une chose douteuse ? Le goût se peut-il goûter ? L'odorat se peut-il sentir ? La veuë peut-elle se voir ?

Pour bien comprendre & entendre parfaitement la nature de l'Entendement, il faudroit assurément un autre Entendement : car il n'y a point d'autre faculté en nous, par le moyen de laquelle nous puissions le connoître. Que s'il nous est inconnu, & que nous ne sachions pas ce qu'il peut faire, avec quelle assurance pourrons-nous nous servir d'une chose qui nous est inconnuë, pour la perception des autres choses qui nous sont inconnuës ? Ou quelle créance pourrons-nous avoir aux choses que nous aurons perçuës par son moyen ?

Puisque les especes ou images des objets extérieurs, qui sont la source des Idées qui se forment en nous, sont sujettes à tant de changemens ; puisque les Sens de nos corps sont si obtus & rebouchez ; puisque les organes de nos Sens sont si imbecilles ; puisque la nature de l'Entendement humain est si cachée, quelle connoissance certaine pouvons-nous nous promettre de la convenance qui est entre l'objet extérieur qui se présente à nous, & l'Idée de cet objet qui se trouve imprimée dans notre Ame ?

CHAPITRE IV.

TROISIEME PREUVE.

L'Esprit humain ne peut connoître la nature des choses avec une parfaite Certitude.

NOus avons encore une Preuve bien claire de l'ignorance qui nous est naturelle, en ce que l'essence des choses est telle, qu'elle est incomprehensible à l'Esprit humain : Car puisque je viens de prouver, que la nature a formé l'homme de telle sorte, te, & a diſpoſé ſon Eſprit de telle maniere qu'il ne peut acquerir une connoiſſance certaine des objets extérieurs, quoique cela doive ſuffire pour nous ôter toute eſperance de connoître certainement la Verité par la Raiſon. Si je montre outre cela, que l'eſſence & la nature des choſes, & de l'Homme même, eſt telle que l'Homme ne la peut connoître, la confiance de l'Entendement humain n'aura plus aucun fondement qui la puiſſe ſoûtenir, puiſque j'aurai montré, que l'Homme par ſa nature ne peut connoître les choſes avec certitude & évidence; & d'une autre côté que les choſes par leur nature ne peuvent être connuës de l'Homme certainement & évidemment. Et voici quelle en eſt la preuve.

On ne peut connoître l'eſſence d'une choſe, ſi l'on ne ſçait en quoi elle convient, & en quoi elle differe des autres choſes : c'eſt-à-dire, ſi l'on ne connoît ſon Genre & ſa Différence. Car les Philoſophes conviennent que c'eſt en cela que conſiſte l'eſſence des choſes, & que la meilleure définition qu'on en puiſſe donner, conſiſte dans leur Genre & leur Différence. Que si le Genre & la Différence des choses ne peuvent donc pas être connuës, on n'en pourra pas non-plus connoître la définition ni l'essence. Or on ne peut connoître le Genre d'une chose, c'est-à-dire, en quoi elle convient avec une autre chose de différente espece, si l'on ne connoît l'essence de l'une & de l'autre. Il est donc nécessaire de connoître l'essence de cette chose, dont on veut connoître le Genre. Or nous venons de dire que pour connoître l'essence de cette chose, il en faut connoître le Genre; ainsi l'essence & le Genre ont besoin l'un de l'autre pour être connus, & la connoissance de l'un dépend de la connoissance de l'autre. Desorte que l'on tombe dans un Cercle, qui est une sorte de raisonnement défectueuse & qui ne prouve rien.

On doit dire de la Différence, la même chose que je viens de dire du Genre : car je ne puis sçavoir en quoi une chose differe d'une autre, si je ne les connois toutes deux. Cela s'éclaircira par un exemple.

Demandez aux Professeurs de Philosophie ce que c'est que l'Homme, ils vous diront que c'est un Animal raisonnable. Voilà le Genre, & la Différence. Or le Genre doit être commun également aux especes qui sont comprises sous ce Genre. L'Homme doit donc être Animal de la même maniere que le cheval est Animal; car si l'Homme est Animal d'une autre maniere que le cheval, il y aura de la Différence dans le Genre même comme Genre, & partant il ne sera point Genre. Or comment sçaurez-vous que l'Homme & le cheval sont également Animaux, si vous ne connoissez pas leur nature; & même si vous ne connoissez pas parfaitement ce que c'est qu'Animal, & c'est ce qui n'est pas moins incertain. Car si vous demandez à ces mêmes Professeurs ce que c'est qu'Animal, ils vous répondront que c'est ce qui vit & ce qui sent; ce qui a la vie & le sentiment. Or comment pouvez-vous sçavoir, mes chers Maîtres, si l'Homme & le cheval sentent également; si le sentiment de l'homme est entierement égal au ſentiment du cheval.

Voici Des Cartes, ce nouvel inventeur de la Verité, ſi on l'en veut croire lui-même, qui ſoûtient que le cheval ne ſent pas mieux les éperons qui le piquent, que l'arbre ſent la hache qui le coupe. Nous voyons d'ailleurs de certaines plantes, qui donnent des marques de ſentiment quand on les touche, & qui pourtant ne ſont pas Animaux : ni par conſéquent le cheval. Ajoûtez à cela, que l'on voit un cheval, que l'on voit un Homme; mais que l'on ne voit un Animal, que lorſque l'on voit un cheval, ou un homme, ou un poiſſon, ou un oiſeau, ou quelque autre Animal. On ne connoît donc l'Animal, qui eſt le Genre, que par ſes eſpeces: & nous cherchions tout à cette heure à connoître l'eſpece par le Genre: nous tombons donc dans ce Genre vicieux de raiſonnement, que l'on appelle Diallele, comme qui diroit Alternatoire, lorſque pour prouver une choſe qui eſt en queſtion, nous nous ſervons d'une autre choſe dont la preuve

preuve dépend de celle-là même qui eſt en queſtion.

De-plus, puiſque pour connoître l'eſſence d'une choſe il faut connoître ſon Genre, pour connoître l'eſſence du Genre, il faudra connoître ſon Genre; & le Genre de ce Genre, & toûjours de même en remontant. Ainſi la choſe ira à l'infini, & nous ne pourrons jamais parvenir à la connoiſſance de la choſe que nous cherchons; ou bien il faudra s'arrêter à quelque Genre ſupérieur, dont on ignore le Genre. Or ſi l'on ignore le Genre de ce Genre ſupérieur, on ignorera même ce Genre ſupérieur, & par conſéquent tous les autres Genres qui en dépendent, & la choſe même qui eſt en queſtion. Venons maintenant à la Différence, qui avec le Genre compoſe l'eſſence de l'Homme.

Cette Différence eſt tirée de la Raiſon, dont on prétend qu'il eſt doüé. Or c'eſt cela même qui eſt en queſtion dans notre préſente recherche, ſçavoir ſi l'Homme eſt doüé de Raiſon, & s'il peut raiſonner. Puiſque nous ne ſommes pas aſſurez qu'il puiſſe raiſonner, nous ne ſommes pas assûrez qu'il soit un Animal raisonnable, ni que la Raison soit sa Différence. Supposons néanmoins qu'il soit raisonnable, sommes-nous assûrez qu'il soit le seul de tous les Animaux qui soit raisonnable?

Nous avons les Livres de quelques grands Philosophes, qui soûtiennent que la Raison se trouve aussi dans d'autres Animaux. Personne ne peut décider cette contestation, s'il ne connoît auparavant ce que c'est que l'Homme, & ce que c'est que ces autres Animaux. Il faut donc en revenir à la chose même qui est en question; sçavoir, ce que c'est que l'homme; & on cherche dans ce qui est inconnu la connoissance de ce qui est inconnu, sans pouvoir sortir de cet embarras.

CHAPITRE

CHAPITRE V.

QUATRIEME PREUVE.

Les choses ne peuvent être connuës avec une parfaite Certitude, à cause de leur continuel changement.

IL y a encore une autre cause, & très-manifeste, qui nous empêche de connoître les choses ; sçavoir le continuel changement où elles sont sujettes : & ce changement est tel, qu'elles ne peuvent demeurer au même état quelque peu de temps que ce soit. Pour exprimer cette continuelle mutabilité des corps, les anciens Philosophes se sont servis de la comparaison d'un fleuve, qui est très-convenable à ce sujet. Car comme Heraclite a fort bien dit, que jamais personne n'est entré deux fois dans le même fleuve ; parceque les eaux qui s'écouloient hier de cet endroit du fleuve où un Homme est entré, sont déjà écoulées, & que d'autres ont pris leur place, qui s'écoulent présentement : & comme le Philosophe Cratyle n'a pas dit moins vrai, lorsqu'il a soûtenu qu'on ne peut entrer seulement une fois dans le même fleuve : de même ce cheval sur lequel vous êtes porté, & que vous croyez connoître, est un autre cheval que celui qui vous portoit hier, & que celui même qui vous portoit il n'y a qu'un moment. Le tems en a emporté une partie. Ses chairs, ses os, sa peau, son poil sont changez, par la nourriture qu'il a prise, par les excrémens qu'il a rendus, par son accroissement, par la respiration, par la transpiration, par la chaleur extérieure, par l'intérieure, par l'abord de l'air qui l'environne, par les esprits qui s'écoulent : la matiere qui survient réparant la perte de celle qui est échappée.

C'estpourquoi Platon, & tous ces anciens Philosophes qu'il cite dans son Theætéte ; je veux dire Empedocle, Heraclite, Protagore, & la plûpart des autres Philosophes, si vous en exceptez Parmenide ; & ces Poëtes célébres, Homere & Epicharme, qui

qui ont été suivis par (*a*) Seneque ; ils ont tous dit que toutes choses se font, mais qu'aucune n'existe, ensorte qu'on puisse dire qu'elle est quelque chose d'assuré & de fixe. Il s'ensuit de là, que lorsque je m'appliquerai à rechercher la connoissance de quelque chose, elle cessera d'être ce qu'elle étoit, avant que mon Esprit se soit attaché à cette recherche. C'est ce qui obligeoit le Philosophe Cratyle d'assurer qu'il ne falloit rien dire, & de se contenter de remuer le doit. Or comme ce que l'on appelle les Universaux sont composez des choses particulieres & singulieres, puisque l'on ne peut connoître les choses particulieres, à cause qu'elles nous échapent par ce changement & cet écoulement continuel, il s'ensuit que l'on ne peut connoître les Universaux qui en sont composez.

Ce raisonnement a eu un tel pouvoir sur l'esprit de St. (*b*) Augustin, qu'il en a tiré cette conséquence : *Qu'il ne faut point attendre de nos Sens*

(*a*) *Senec.* Epist. 58.
(*b*) *Augustin.* Quæst. 83. Quæst. 9.

Sans la parfaite connoissance de la Vérité. Et Aristote (a) voulant répondre à ce même raisonnement, s'y est pris d'une maniere si frivole, qu'il l'a même confirmé. Allons encore plus loin.

Puisque toutes choses sont sujettes au changement, il faut que j'y sois sujet moi-même, & que je change d'heure en heure, & de moment en moment. Pendant que je parle, je deviens un autre homme; encore que ce changement ne s'apperçoive pas aisément dans si peu de tems, on le reconnoît aisément quelque tems après. Comment donc un homme, qui est si changeant, si variable, & si peu constant en lui-même, pourra-t-il juger assurément de toutes les autres chosées?

(a) *Aristot. Metaph.* Libr. III. cap. 2.

CHAPITRE

CHAPITRE VI.

CINQUIE'ME PREUVE.

Les choses ne peuvent être connuës avec une parfaite Certitude, à cause de la difference des hommes.

SI les hommes sont si sujets au changement, qu'il n'y en a pas un seul qui pendant quelque peu de tems soit semblable à lui-même, il faut qu'il se trouve une difference infinie dans cette grande multitude d'hommes, comme je l'ai déja remarqué. De cette grande varieté quelle convenance de Jugemens peut-on attendre ? quelle conformité & quelle fermeté de sentimens ? Comment pourrai-je savoir que ce qui me paroît vous paroît comme à moi ? que ce qui me paroît blanc, vous paroît blanc ? & que cette couleur, que nous appellons blanche, vous & moi, nous paroît à vous & à moi une même couleur ?

Puisque les choses paroissent donc differentes aux hommes, ou du moins que

que nous ne pouvons ſavoir ſi elles leur paroiſſent ſemblables, dans cette grande multitude d'hommes, qui voyent les choſes differemment, ou qui ignorent s'ils les voyent d'une même ſorte; lequel d'entr'eux croira-t-on, qui les voit telles qu'elles ſont véritablement? Et dans un décord ſi univerſel, quelle ſera la regle de Vérité à laquelle tous les hommes conviendront de s'arrêter?

Le Poëte Euripide à fort bien reconnu ce défaut de la nature humaine, lorſqu'il a fait dire à Eteocle, que (a) *Parmi les hommes rien n'eſt égal, rien n'eſt ſemblable, hormis les noms des choſes; mais que les choſes mêmes n'ont rien de fixe ni d'aſſuré.*

Le Philoſophe Protagore l'a auſſi reconnu, & c'eſt ce qui lui a fait dire que chacun eſt à ſoi-même la regle de Vérité. Mais pour moi je dis de-plus, que perſonne ne peut être à ſoi-même la regle de Vérité, à cauſe de cette diſſemblance dont je viens de parler, non ſeulement de tous les hommes entr'eux; mais de chacun d'eux

(a) *Euripid. Phaniſſ.* verſ. 504. 505.

d'eux avec soi-même. Cette matiere a été traitée excellemment par Platon dans son Theætéte, & par Sextus Empiricus (a). Ils méritent l'un & l'autre d'être consultez.

CHAPITRE VII.

SIXIEME PREUVE.

Les choses ne peuvent être connues avec une parfaite Certitude, parceque leurs causes sont infinies.

A Toutes ces preuves il faut encore ajoûter celle-ci, que toutes les choses de ce monde sont liées entr'elles de telle sorte, qu'on ne peut en concevoir aucune sans en concevoir une autre; ni cette autre sans une troisiéme; ni cette troisiéme sans une quatriéme, jusqu'à ce que portant nôtre Esprit de l'une en l'autre, nous ayïons parcouru l'infinité des choses dont le monde est composé. Or

(a) *Sext. Empiric. Pyrrhon. Hypot.* Libr. I. cap. 14.

Or l'Entendement humain n'étant pas capable de sa nature de savoir tout, & ne pouvant rien savoir sans savoir tout, il s'ensuit qu'il ne peut rien savoir.

Je veux, par exemple, savoir ce que c'est que l'homme; comme il est composé d'un corps, d'une Ame, & qu'il est doüé de Raison : je ne puis connoître ce qu'il est, si je ne connois la nature du corps, de l'Ame, & de la Raison. Le corps de l'homme étant composé de feu, d'air, d'eau, & de terre, je dois connoître la nature de ces quatre Elémens, pour pouvoir connoître la nature de l'homme. Je commence par le feu, & pour le connoître, je m'applique à la recherche de ce que les Philosophes en ont pensé. Je consulte Des Cartes, & je vois que je ne puis aprendre de lui quelle est la nature du feu, si je ne m'instruis exactement du Systême du monde qu'il a inventé. Et ce n'est pas assez que de m'en instruire, il faut l'examiner, & le comparer avec les Systêmes des autres Philosophes, & juger ensuite lequel de tous ces Systêmes est véritable

ble. Pour le pouvoir bien faire, il faut remonter à la connoissance des premieres causes, qui jusqu'ici sont inconnues.

Quand j'aurai recherché la nature du feu, il faudra passer à celle de l'air, & ensuite à celle de l'eau, & enfin à celle de la terre; & en chacune de ces recherches nous trouverons les mêmes difficultez. Il faudra de là en venir à celle de la fabrique du corps humain, à la structure & à l'usage des parties du corps: matiere d'un travail, & d'une étude infinie, chacune de ces choses après les disputes & les experiences de tant d'années, étant demeurées dans une grande obscurité.

On ne pourra pas se dispenser de rechercher, comment le corps de l'homme est engendré, recherche importante & difficile touchant la génération & les causes de la génération; ce que le pere, ce que que la mere y contribuë; d'où leur vient cette faculté d'engendrer; comment l'enfant se forme dans le ventre de sa mere; comment il s'y nourrit; qui lui donne la force & l'industrie de sortir de

cette

cette prison ; savoir si un homme peut être engendré sans pere ou sans mere, comme quelques-uns l'ont cru ; pourquoi il s'engendre un mâle, pourquoi une femelle ; pourquoi un enfant camus, pourquoi crespu, pourquoi petit, pourquoi colere, pourquoi adonné aux femmes, pourquoi grand mangeur, pourquoi yvrogne, pourquoi sain, pourquoi de longue vie. Voyez quelle infinité de choses il faut savoir.

Je supose néanmoins qu'on les puisse savoir, voici d'autres difficultez inexplicables qui se présentent touchant la nature de l'Ame de l'homme ; ce que c'est, où elle est, comment elle agit, quel est l'effet de son action, comment elle est jointe au corps. Quand on aura sçu tout cela, il faudra voir ensuite ce que c'est que la Raison, quel est son usage, quels sont ses effets. Cette recherche vous engagera dans l'étude de toute la Dialectique. La chose iroit à l'infini, si l'on vouloit faire le dénombrement de toutes les connoissances qui sont nécessaires pour parvenir à celle de l'homme ; & la vie ne ne suffiroit pas pour savoir la moindre partie des choses qu'il faut savoir pour connoître quelque chose. Il vaut donc mieux s'arrêter dès l'abord, depeur de s'engager dans un travail inutile.

CHAPITRE VIII.

SEPTIEME PREUVE.

L'Homme n'a point de regle certaine de la Vérité.

C'Est une Preuve invincible & capitale contre la temerité des Dogmatiques, que le défaut d'une Regle certaine de Verité, dont Dieu a privé la nature humaine. Car comme toutes les choses sont mêlées du vrai & du faux, & que nous sommes en peine de les discerner, & que nous nous y trompons souvent, comment pourrons-nous faire ce discernement, si nous n'y appliquons une Regle certaine de Vérité, qui nous fera connoître sans aucun doute que ce qui y conviendra, sera véritable ; & que

que ce qui n'y conviendra pas sera faux. C'estpourquoi ceux qui se sont appliquez à la recherche de la Vérité, ausquels on a donné le nom de Philosophes, ont employé toute la force de leur esprit pour trouver cette Regle. Ils lui ont donné le nom de *Criterium*, & ils en ont fait deux especes ; l'une pour regler les actions, l'autre pour regler les opinions. Toute la vie se conduit par le premier, & toutes nos connoissances dépendent du second ; lequel étant bien établi, nous aurons un moyen de distinguer le vrai du faux : & c'est ce qu'on appelle, la Regle, ou le *κριτήριον* de la Vérité.

Ce *Criterium* se peut prendre en diverses sortes ; mais nous ne cherchons présentement que celui qui est proprement la mesure de la comprehension ou perception, par le moyen de laquelle mesure, en y procedant avec art, on peut comprendre les choses obscures. Nous ne parlons ici que de cette sorte de *Criterium*, ou de Regle de Vérité, qui se sert de la Raison pour acquerir la connoissance de la Vérité.

Ce

Ce *Criterium* se divise en trois especes, le *Criterium duquel*, le *Criterium par lequel*, & le *Criterium selon lequel*. Le *Criterium duquel*, c'est l'homme ; car il s'agit de la connoissance de la Vérité que l'homme veut acquerir. Le *Criterium par lequel*, sont les instrumens dont l'homme se sert pour connoître la Vérité, comme les Sens, ou l'Entendement. Et le *Criterium selon lequel*, c'est l'action de l'Esprit humain, qui applique à la recherche de la Vérité le *Criterium par lequel* d'autres ont déja prouvé par des Raisons très-claires, que ces trois sortes de *Criterium* sont incertaines, & inutiles à la connoissance de la Vérité. Car puisque la nature de l'homme nous est inconnuë, ayant été vainement recherchée par tant de méditations & de contestations des Philosophes ; il nous est encore bien plus inconnu, si elle peut connoître la Vérité. Le *Criterium duquel*, qui est la nature humaine, est donc incertain.

Si cela est ainsi, comme la chose parle d'elle même, il s'ensuit que le

Criterium

Criterium par lequel, est encore plus incertain, savoir les Sens de l'homme, ou les impressions qu'ils reçoivent, ou leurs ébranlemens intimes; ou la Phantaisie, qu'on appelle autrement l'Imagination; c'est-à-dire, une impression ou impulsion faite dans l'Ame par un objet exterieur, ou une modification de l'Entendement, que les Philosophes Latins appellent *Visum*. L'Entendement même, que d'autres veulent être le *Criterium par lequel*; ou la Raison, selon plusieurs, qui est une faculté de l'Entendement; tout cela est également incertain: Car on ne peut pas connoître les facultez d'une nature qui est inconnuë.

Les facultez étant inconnues, les actions le sont aussi: & c'est en elles que consiste le *Criterium selon lequel*. Je n'ai pas entrepris de raporter ici tout ce qui fait à ce sujet; car nous avons encore trop de chemin à faire pour pouvoir nous arrêter long-tems dans les mêmes lieux: veu principalement que peu de gens ignorent tout ce que l'on a coûtume de dire dans les Ecoles de Philosophie sur l'infidelité des Sens, & sur celle de l'Ententendement : car il n'y a point de matiere sur quoi les Académiciens & les Sceptiques se fassent plus valoir. Je proposerai seulement quelques preuves, qui ôtent toute la créance que l'on pourroit avoir aux Régles de Verité ou *Criterium*.

Puisque pour connoître la Verité, il faut avoir un *Criterium*, ou Régle de Verité, il est nécessaire de le trouver avant que de rechercher la connoissance de la Verité. Or pour trouver ce *Criterium*, il faut sçavoir discerner le vrai *Criterium* du faux. Pour cela, nous devons chercher auparavant si le vrai *Criterium* a des marques certaines de Verité, par le moyen desquelles nous le puissions connoître, & sans lesquelles nous ne le saurions connoître. Et comment connoîtrons-nous ces marques de Verité, si nous ne connoissons la Verité ? Il faut donc avoir trouvé la Verité avant que de pouvoir trouver le *Criterium*, & il faut avoir trouvé le *Criterium* avant que de pouvoir trouver la Verité ; & puisque nous n'avons trouvé ni la Verité ni le

D Cri-

Criterium, il s'ensuit qu'on ne peut trouver ni l'un ni l'autre.

D'ailleurs puisque le *Criterium* est la Régle de la Verité ; il faut avoir dressé cette Régle, & être assuré qu'elle soit droite, avant que de l'appliquer à la Verité ; car si elle n'est droite, & que nous ne soyïons assurez qu'elle soit droite, elle ne sera pas sûre, & nous ne pourrons pas nous y fier. Or nous ne saurions la dresser, ni être assurez qu'elle sera droite, si nous n'avons une autre Régle de verité, qui soit assurément droite, & qui nous puisse servir à rectifier la premiere. Cette seconde pour être bien dressée, doit être rectifiée sur une troisiéme, & cette troisiéme sur une quatriéme, & ainsi jusqu'à l'infini. Ces matieres ont été expliquées plus au long par le Philosophe Sextus Empiricus, homme subtil & pénétrant, qui a rabattu mieux que personne la fierté des Dogmatiques. Pour moi je me suis contenté de toucher la chose sommairement.

CHAPITRE IX.

HUITIEME PREUVE.

1. *On dispute contre l'Evidence.* 2. *Les objets qui se présentent à l'Esprit de ceux qui sont endormis, qui sont yvres, & qui sont fous, sont aussi évidens que les objets qui se présentent à l'Esprit de ceux qui sont éveillez, qui sont à jeun, & qui sont en leur bon Sens.*

On dispute contre l'Evidence.

1. TOus ceux qui se vantent de pouvoir parvenir à la connoissance de la Verité, par le moyen de quelque Régle de Verité, ou *Criterium*, conviennent tous qu'outre cela il est nécessaire d'avoir une évidente & distincte perception des choses, soit par les Sens, soit par la Raison, soit de quelque autre maniere que ce puisse être; ensorte que l'Entendement pour comprendre quelque chose, ait besoin d'une idée distincte & évidente de cette chose. C'est-là le langage de tous les Dogma-

tiques; en quoi ils ne s'apperçoivent pas qu'ils rendent par-là la connoissance de la Verité encore plus difficile, & qu'au lieu d'un *Criterium* ils en demandent deux, à sçavoir l'idée de la chose, & l'évidence de cette idée. Or si l'on convient qu'il n'y a point de *Criterium*, comme je viens de prouver qu'il n'y en peut avoir, il s'ensuit que l'Evidence, qui est la compagne du *Criterium*, ne subsistera point. Ajoûtez à cela, qu'il n'y a rien d'évident que ce qui est évident à tout le monde. Car si personne ne veut recevoir pour évident, que ce qui lui paroît évident, le vrai & le faux seront également évidens; car chacun de ceux qui auront des opinions contraires, alleguera l'Evidence pour preuve de son opinion; car rien n'est si évident, qu'il paroisse évident à tout le monde, d'où il s'ensuit qu'il n'y a point d'Evidence.

En quoi l'on ne peut assez admirer l'imprudence de ces Philosophes, qui se vantant tous d'avoir l'Evidence pardevers soi, ne voyent pas ce qui est très-évident; sçavoir, que cette Evidence

Evidence est trompeuse, qui prend également la défense des parties opposées, & prête son secours à chacune d'elles contre l'autre; & que l'on ne pourra jamais tirer aucun avantage de ce secours, jusqu'à ce que tous les Philosophes soient d'accord, & se réünissent tous en une même Secte. Quelqu'un aura-t-il assez de présomption, quelques claires & distinctes notions qu'il ait des choses, pour croire être le seul sage au monde, & que tous les autres hommes sont insensez? L'Evidence ne trompe-t-elle pas même souvent une même personne, qui trouve dans sa vieillesse une chose évidemment fausse, qui lui paroissoit évidemment veritable dans son enfance.

Ecoutons ce que dit Sophocle: (a) *Jamais deux hommes amis, ni deux peuples alliez, n'ont gardé entr'eux les mêmes sentimens: Car les uns plûtôt, les autres plus tard, trouvent les mêmes choses douces & ameres.* Ajoûtons encore ces paroles

(a) Sophocl. OEdip. Tyr. vs. 639. & seq.

les de Terence : (a) *Jamais homme n'a si bien réglé sa vie par la raison, que l'état des choses, le tems & l'usage ne lui ayant apporté quelque nouveauté, & quelque instruction, lui faisant connoître qu'il ignoroit ce qu'il croyoit sçavoir, lui faisant éprouver que ce qu'il auroit crû le plus désirable, devoit être rejetté.* Or de toutes les Evidences, laquelle croirons-nous devoir suivre ? Sera-ce celle de l'enfance ? Sera-celle de l'âge viril ? Sera-ce celle de la vieillesse ? Ce Denys d'Heraclée qui, vaincu par la douleur, passe de la Secte des Stoïciens à celle des Epicuriens, & qui pour cela fut surnommé le Changeant, pendant qu'il tenoit le parti des Stoïciens, trouvoit-il de l'obscurité & de la confusion dans toutes choses ?

Les objets qui se présentent à l'Esprit de ceux qui sont endormis, qui sont yvres, & qui sont fous, sont aussi évidens que les objets qui se présentent à l'Es-

2. Je dis de-plus que ce qui paroît à l'Esprit dans le sommeil, dans l'yvresse, & dans la folie, n'a pas moins d'Evidence que ce qui paroît à l'Esprit quand on est éveillé, quand on est à jeun, & quand on est dans son bon Sens. Quand on

(a) *Terent. Adelph.* Sc. 4. Act. V.

on est éveillé, quand l'yvresse est passée, ou que l'on est revenu de sa folie, on reconnoît véritablement que l'on étoit alors dans l'erreur; mais l'on ne s'en apperçoit point dans le tems du sommeil, du vin, ou de la folie. On doute même quelquefois en dormant si l'on veille, ou si l'on dort; & après y avoir fait réfléxion, on croit quelquefois veiller, & voir avec une parfaite Evidence ce qui paroît à l'Esprit.

prés de ceux qui sont éveillez, qui sont à jeun, & qui sont en leur bon Sens.

Cet homme d'Argos qui croyoit être à la Comedie, & qui seul frappoit des mains devant un Théâtre vuide, ne croyoit-il pas voir & entendre clairement le geste & le récit des Acteurs? Les emportemens des fous, leurs craintes, leurs fuites, leurs transports, ne sont-ce pas des marques d'un Esprit évidemment & violemment agité par les images des choses qui se présentent à lui? Ne se trouve-t'il pas des gens qui étant endormis répondent fort à propos à ce qu'on leur demande? D'autres qui font de fort beaux vers, & quelques-uns qui marchent sur les toits des maisons avec beaucoup de circonspection ? Ce qu'ils ne feroient pas, s'ils n'y étoient excitez par de très-claires idées ? Ceux qui croyent assister aux assemblées nocturnes des Sorciers, n'ont-ils pas en eux des idées très-claires de choses très-fausses & très-frivoles ? Et telles qu'étant éveillez, ils ne reconnoissent pas qu'ils dormoient quand ces visions leur passoient par l'esprit ; & croyent si certainement les avoir veuës, qu'ils s'imaginent que ceux qui leur contredisent, dorment eux-mêmes, ou ne sont pas dans leur bon Sens.

Puisque ces images qui se présentent à nous dans le sommeil, quelque évidentes qu'elles nous paroissent, sont néanmoins très-fausses, comment pourrons-nous sçavoir si notre veille n'est point un autre sommeil, pendant lequel les images des choses qui paroissent à notre Esprit, de quelque lumiere qu'elles semblent environnées, sont néanmoins vaines & fausses ? Platon dans son Théœtete a formé ce doute comme moi. Ceux-là se trompent fort, qui croyent avoir trouvé une marque certaine pour découvrir la fausseté des songes ; sçavoir,

voir, en ce qu'ils n'ont pas de rapport avec les choses que nous avons faites en veillant : Car si par hazard elles y ont du rapport, il n'y aura plus de marque qui puisse servir à les distinguer. Or il peut fort bien arriver qu'il s'y trouve du rapport. Comme, par exemple, si je songe en dormant que je raconte à mes amis les mêmes choses que je leur racontois le jour précédent, & que l'aboyement d'un chien a interrompu mon récit; le lendemain après mon réveil je serai en doute si l'aboyement de ce chien a interrompu le récit que je faisois étant éveillé, ou celui que je faisois étant endormi ; comme il nous arrive quelquefois de douter si de certaines choses nous sont effectivement arrivées, ou si nous les avons rêvées. Que si d'ailleurs nos songes n'ont point de rapport avec les choses que nous avons faites en veillant, pourquoi croirons-nous plûtôt que les choses que nous avons pensées en dormant, sont fausses, que celles que nous avons pensées étant éveillez ? Car puisqu'elles sont également discordantes entr'elles, &

que ce décord est la marque de la fausseté, les unes ne doivent pas être plus suspectes de fausseté que les autres.

On demeure d'accord que les veuës de nôtre Entendement sont formées par l'impulsion du cerveau, & par le mouvement des fibres & des esprits, comme je l'ai dit. D'où il s'ensuit que l'évidence des images que j'ai présentes à l'Esprit, n'étant qu'une certaine maniere, ou une modification des images, vient de la même cause que ces images mêmes. Si l'on convient de ce point, que l'on ne peut nous contester, il faut aussi convenir que le cerveau peut être ébranlé, & que les esprits & les fibres peuvent être agitées de la même sorte par des causes internes, que par des objets extérieurs. D'où il faut conclure, que l'Evidence peut se trouver dans le faux comme dans le vrai, & que l'Evidence du vrai ne porte aucunes marques par où on la puisse distinguer de l'Evidence du faux. Et ces marques ne peuvent pas être prises d'ailleurs, s'il est vrai, comme le soûtiennent les défenseurs de de l'Evidence, que ce qui est évident est évident par soi-même, & n'a point besoin de preuves du dehors.

Car autrement pour reconnoître l'Evidence on auroit besoin d'une autre Evidence, comme d'une lumiere extérieure pour voir la lumiere. De même que si quelqu'un portoit plusieurs pieces de monnoye dans un sac, qui fussent toutes de cuivre, à la reserve d'une seule qui seroit d'argent; & que des pauvres, qui sçauroient la chose, demandassent qu'on leur donnât en aumône ces pieces de monnoye, chacun d'eux espérant que la piece d'argent seroit pour lui; que celui à qui ce sac & ces pieces appartiennent, en fasse ensuite la distribution dans l'obscurité & pendant la nuit; aucun de ces pauvres ne pourra sçavoir s'il a reçu la piece d'argent, ni même si elle aura été tirée de dedans le sac; & si quelqu'un d'entr'eux faisant des conjectures sur le son de sa piece, ou sur les remarques qu'il y peut faire en la maniant, ou sur d'autres indices frivoles, croit sçavoir certainement, & avoir reconnu évidemment qu'il a la piece d'argent, il sera ridicule. Les autres pauvres ne le seront pas moins, si chacun d'eux a la même opinion de sa piece, & croit que tous les autres se trompent; & ce décord ne pourra être terminé qu'à la lumiere & au grand jour.

Il en est de même de l'erreur des Dogmatiques. Environnez des ténébres épaisses de l'ignorance, chacun d'eux tient dans ses mains, & manie sa piece de cuivre, & il n'y en a aucun qui ne se vante d'avoir reconnu à des marques infaillibles, que sa piece est cette piece unique & précieuse, à sçavoir la Verité qu'il a reçuë de Dieu, dispensateur de tous les biens; & qui ne s'attribuë une perception distincte, évidente, & plus claire que la lumiere du Soleil en plein midi; qui ne soit persuadé que tous les autres sont dans l'erreur, ayant la même opinion de leurs pieces de monnoye; & il ne reconnoîtra que son Evidence tant vantée n'est que ténébres, qu'après que la lumiere lui sera venuë d'ailleurs.

CHAPITRE X.

NEUVIEME PREUVE.

1. Raison de douter de toutes choses, proposée par Des Cartes; savoir, que nous ignorons si Dieu ne nous a point créez de telle nature, que nous nous trompions toûjours. 2. D'où il s'ensuit que l'intime perception des choses est douteuse.

1. Des Cartes nous fournit encore une autre Raison de douter, lorsqu'il dit dès l'entrée de ses Méditations & de ses Principes, (a) *Que nous ne savons pas si Dieu ne nous a point voulu créer de telle nature, que nous nous trompions toûjours, même dans les choses qui nous paroissent les plus claires.* Ce doute étoit digne d'un Philosophe, si celui qui l'a proposé eût pris soin de le resoudre. Quand je dis qu'il est digne d'un

Raison de douter de toutes choses, proposée par Des Cartes, savoir que nous ignorons si Dieu ne nous a point créez de telle nature, que nous nous trompions toûjours.

(a) *Cartes. Medit.* 1. & 6. *Princip. Part.* I. §. 5. & 13.

d'un Philosophe, je n'entens pas un Philosophe Chrétien, qui sçait que (a) *Dieu éclaire tous les hommes venants en ce monde*. Mais Des Cartes parloit alors en Philosophe, & non pas en Chrétien; & celui qui a bien pu supposer qu'il n'y a point de Dieu, (b) a bien pu suposer aussi que Dieu a créé les hommes sujets à l'erreur. Mais lorsqu'il se porte pour nouvel inventeur de la Verité, ayant commencé le Systême de sa Philosophie par le doute, & ayant proposé les raisons de ce doute; néanmoins incontinent après, comme si le chemin de la Verité lui avoit été montré dn Ciel, il cesse si absolument de douter, qu'il ne se met pas seulement en peine de resoudre les argumens qui l'avoient obligé de douter.

Mais ce n'est pas ici que cette matiere doit être traitée. Il suffit de dire maintenant, que ce doute est de telle importance pour empêcher nos Esprits de recevoir aucune proposition comme certaine, tant que nous ne nous

(a) *Joh.* I. 9.
(b) *Cartes. Princ.* Part. I. §. 7.

nous servirons que de notre Raison, que tant s'en faut que Des Cartes l'ait détruit, mais même qu'il ne peut aucunement être détruit, si la Raison n'emprunte le secours de la Foi. Car si quelqu'un se persuade que l'homme est un Animal, formé de telle sorte par la nature, que ce qui paroît vrai soit faux, tout ce qu'on lui proposera contre cette opinion lui paroîtra faux ou véritable; s'il lui paroît faux, il le rejettera avec justice; s'il lui paroît véritable, se croyant de telle nature que ce qui lui paroît véritable est faux, il sera encore obligé de le rejetter comme faux. Ainsi il lui sera aisé de renverser toutes les raisons qu'on pourra lui objecter contre son opinion, & l'on n'en pourra inventer aucune, qui ne tombe sous cette loi générale, que ce qui paroît le plus vrai à l'homme est le plus faux.

D'où il s'ensuit que l'intime perception des choses est douteuse.

2. Au reste, tout ce que j'ai allegué ci-dessus, & principalement cette raison de douter de toutes choses que Des Cartes a proposée, renversant de fond en comble ce fort dans lequel les Dogmatiques se retranchent, lorsqu'ils

qu'ils disent que nous avons une certaine connoissance intime de plusieurs choses ; qui bien que non fondée sur la Raison, est néanmoins certaine & évidente ; que telle est la connoissance des premiers principes ; telle la connoissance que j'ai d'être présentement éveillé ; qu'encore que ces choses ne puissent pas se prouver par des raisonnemens, nous appercevons néanmoins par une certaine perception intime, que ces choses sont certaines. Car si la nature m'a formé de telle sorte, que ce qui me paroît le plus vrai soit le plus faux, lorsque je croirai savoir & sentir par une perception intime que le tout est plus grand que sa partie, ou que je suis éveillé ; je serai obligé de croire que cela est faux, si je veux m'en tenir à cette raison de douter, proposée par Des Cartes.

CHAPITRE

CHAPITRE XI.

DIXIEME PREUVE.

C'est une petition de principe, que de vouloir prouver par raison, que la Raison est certaine.

NOus avons encore une autre preuve pour faire voir la foiblesse de la Raison, qui revient au même que la précédente. Quelque raisonnement que l'on puisse former pour défendre la Raison, c'est une production de la Raison. Or la Raison ne peut rien produire qui soit entierement certain. Donc quelque preuve que je puisse inventer pour défendre la certitude de la Raison, elle sera incertaine. C'est donc une petition de principe, que de défendre la Raison par raison : car les argumens que l'on propose pour cela, comme certains, & véritables, sont produits par la Raison ; & c'est cela même qui est en question, savoir si la Raison peut produire quelque chose de certain & de véritable.

CHA-

CHAPITRE XII.

ONZIEME PREUVE.

Les raisonnemens sont incertains.

IL faut nous endurcir le front, & puisque nous avons commencé de douter, il faut douter à bon escient, quand les Dogmatiques dévroient s'en desesperer. Quelque preuve qu'ils proposent contre moi, ils se serviront pour cela d'un raisonnement. Je ne me servirai point ici de l'autorité de plusieurs Philosophes, à qui tout cet art de raisonner a paru douteux, incertain, trompeur; qui ont soûtenu que ces regles de Dialectique sont des piéges, & des entraves dont on ne peut se débarrasser, qui font paroître véritable ce qui est constamment faux; & qui concluent de là, qu'il faut être insensé pour ajoûter foi à ce qui nous trompe souvent.

Je veux me rendre plus facile. Qu'on me propose ici un raisonnement que nos adversaires tiennent pour très-certain

tain & incontestable, je vais vous faire voir qu'il est très-incertain, & ne prouve rien. Ils veulent prouver que Pierre est un Animal raisonnable : voici comme ils raisonnent. Tout homme est un Animal raisonnable ; Pierre est homme ; Donc Pierre est un Animal raisonnable. La premiere de ces trois propositions, qui est universelle, passe principalement pour être véritable, parceque chaque homme en particulier est un Animal raisonnable : Car après que l'on a reconnu que cet homme est un Animal raisonnable, & celui-là encore, & cet autre aussi, & que l'on n'a vû aucun homme qui ne fût un Animal raisonnable, de l'amas de toutes ces propositions particulieres, qui décident que chaque homme en particulier est un Animal raisonnable, on a formé cette proposition universelle ; Tout homme est un Animal raisonnable ; d'où il s'ensuit que la certitude de cette proposition universelle, dépend de la certitude de toutes ces propositions particulieres.

Mais dans le raisonnement que nous examinons, la certitude de la proposisition particuliere dépend de la certitude de la proposition universelle ; car de ce que tout homme est un Animal raisonnable, on conclut que Pierre est un Animal raisonnable ; ainsi l'on tombe dans ce raisonnement vicieux que l'on appelle un Cercle, & que les anciens Philosophes nommoient Diallelle. D'ailleurs puisque Des Cartes a cru & soûtenu, que Dieu peut changer l'essence des choses, & faire qu'elles ne soient pas ce qu'elles sont, ensorte que le nombre de vingt ne soit pas composé de deux dixaines, qu'un homme ne soit pas un Animal raisonnable, (je n'examine point maintenant la Verité de ces propositions) il se pourra faire qu'il se trouvera quelque homme qui ne sera point un Animal raisonnable ; & partant cette premiere proposition universelle, tout homme est un Animal raisonnable, ne sera pas véritable.

Cet exemple peut nous suffire pour nous faire douter de la certitude de tous les autres raisonnemens, & c'est à quoi nous engagent les preuves qu'en ont données de très-habiles Philosophes. Mais je ne fais maintenant qu'esqu'effleurer ces matieres. C'est pourquoi, si je suis sage, je dois prendre garde de n'ajoûter pas foi légerement aux raisonnemens dont j'ai si souvent éprouvé la fausseté. Étant dans cette disposition, si je suis attaqué par une troupe de Dogmatiques, de quelles armes se serviront-ils pour me combattre, tant que je serai couvert de mes doutes & de ma défiance? Les meilleures armes qu'ils puissent employer, seront ces raisonnemens, qu'on appelle Démonstrations: Car de quelque preuve que l'on se serve, elle sera sans force, si on ne la réduit en forme d'argument & de raisonnement. Or il n'y a point d'argument ni de raisonnement qui ne tombe sous cette loi de douter que j'ai proposée.

CHAPITRE

CHAPITRE XIII.

DOUZIEME PREUVE.

Il s'ensuit des dissensions des Dogmatiques, qu'il ne faut s'attacher à aucune de leurs Sectes.

LEs dissensions des Dogmatiques nous fourniront encore une très-bonne preuve pour les refuter. Et c'est cette même preuve dont les Medecins, surnommez Empiriques, se servoient contre les Medecins qui se servoient du raisonnement, & que pour cela l'on nommoit Rationaux, ou Raisonneurs. Car si rien n'a jamais été assuré par quelqu'un, qui n'ait été nié par quelque autre ; s'ils n'ont jamais avancé aucun dogme qui n'ait été contesté, quelle assurance pourrons-nous prendre sur leurs affirmations, voyant que les autres Philosophes Dogmatiques, remplis d'une pareille arrogance, n'y en prennent aucune ?

Parcourons toutes leurs Sectes, de-

demandons à chacune d'elles ce qu'elle pense d'elle-même, & des autres; elle répondra hardiment que la Verité est de son côté, & que toutes les autres sont dans l'erreur. Demandons aux autres ce qu'elles pensent de celle-là, elles diront sans balancer qu'elle est dans l'erreur, & chacune d'elles s'attribuera la Verité. Desorte que chacune n'aura que sa propre approbation, & sera condamnée par les suffrages de toutes les autres. Sera-t-il d'un homme sage, de suivre un parti qui n'est approuvé que d'un seul, & qui est condamné de plusieurs ?

CHAPITRE XIV.

TREIZIEME PREUVE.

La Loi de douter a été établie par d'excellens Philosophes. 1. Par Anacharsis. 2. Pherecyde. 3. Pythagore. 4. Empedocle. 5. Gorgias le Leontin. 6. Xenophane. 7. Epicharme. 8. Parmenide. 9. Xeniade. 10. Zenon d'Elée. 11. Heraclite. 12. Ana-

Anaxagore. 13. *Democrite.* 14. *Protagore.* 15. *Socrate.* 16. *Platon, Auteur de la premiere Academie.* 17. *Aristote.* 18. *Arcesilas, Auteur de la seconde Academie.* 19. *Lacyde.* 20. *Carneade, Auteur de la troisiéme Academie.* 21. *Clitomaque.* 22. *Philon, Auteur de la quatriéme Academie.* 23. *Antiochus, Auteur de la cinquiéme Academie.* 24. *Ciceron.* 25. *Varron, Pison, Lucullus, & Brutus.* 26. *Origine du Pyrrhonisme.* 27. *Metrodore.* 28. *Anaxarque.* 29. *Pyrrhon.* 30. *Combien il y a eu véritablement d'Academies, & quelle a été la difference de l'Academie, & du Pyrrhonisme.* 31. *Il n'y a eu que deux Academies, l'ancienne & la nouvelle ; & la nouvelle a été un véritable Pyrrhonisme.* 32. *On propose les differends de la nouvelle Academie, & de la Secte des Sceptiques ; & on les concilie. Premier differend.* 33. *Second differend.* 34. *Troisiéme differend.* 35. *Quatriéme differend.* 36. *Cinquiéme differend.* 37. *Sixiéme differend.* 38. *Septiéme differend.* 39. *Pourquoi les Phi-*

Philosophes qui font profession de douter, aimant mieux passer pour Academiciens que pour Pyrrhoniens. 40. *Il est faux que la Secte des Sceptiques, ou Pyrrhoniens, ait été interrompuë après Timon.* 41. *Timon de Phlius.* 42. *Nausiphane de Teos.* 43. *Theodose de Bithynie.* 44. *Ænesideme de Cnossus.* 45. *Ptolemée d'Alexandrie* 46. *Cornelius Celsus.* 47 *Favorin.* 48. *Sextus Empiricus.* 49. *Sçavoir si Sextus Empiricus est le même que Sextus de Charonée.* 50. *Grande affinité de la Secte Sceptique, de la Secte Empirique, & de la Secte Methodique.* 51. *Lucien.* 52. *Uranius.* 43. *Et encore du nombre des Dogmatiques, Porphyre.* 54. *Aristipe, Ariston de Chio.* 55. *Herillus de Carthage.* 56. *Menedeme d'Eretrie.* 57. *Les Philosophes Eretriques, & les Megariques.* 58. *Monime le Cynique.* 59. *Parmi les Nations étrangeres, les Mages.* 60. *Les Brachmanes.* 61. *Certains Philosophes Turcs, qu'on nomme les Etonnez.* 62. *Parmi les Juifs, les Esseniens.* 63. *Et les Seboréens.* 64.

R.

- *R. Mosés fils de Maimon. 65. Et*
· *parmi les Arabes les Discours.*

La Loi de douter a été établie par d'excellens Philosophes.

DEs gens habiles & intelligens ayant reconnu de quelles ténébres l'Entendement humain est envelopé, & de quelle profonde nuit les choses qui environnent l'homme sont couvertes; & ayant en même-tems remarqué que la principale cause des erreurs à quoi les hommes sont sujets, vient de la témerité & de la précipitation avec laquelle ils marchent dans des lieux raboteux & entrecoupez, au milieu de ces ténébres, comme s'ils marchoient dans une campagne unie, à la lumiere du Soleil; ils ont jugé à propos de se modérer, & d'arrêter cette impetuosité inconsiderée de leur Esprit.

Aprés avoir donc rappellé leur Esprit, & lui avoir jetté comme un frein, pour le faire rentrer en lui-même, ils l'ont dégagé de ses préjugez. Ils ont examiné soigneusement la nature de leur corps, & de leur Entendement, & des choses du dehors, observant tout, éprouvant tout; & ils ont enfin expérimenté, que

que le seul moyen d'éviter l'erreur, c'est de suspendre leur créance. Il est constant que c'est-là l'origine de la Philosophie, & qu'elle doit sa naissance à cette Méthode de douter, que ces hommes sages ont prise par la connoissance qu'ils ont eue de la foiblesse de leur Esprit. Il n'y avoit point alors d'autre différence entre un homme intelligent, & un homme grossier; entre un Philosophe, & un ignorant, qu'en ce que l'un sçavoit qu'il ne sçavoit rien, & que l'autre ne le sçavoit pas.

Si nous voulons donc repasser sur l'Histoire de la Philosophie, depuis sa premiere origine jusqu'à aujourd'hui, dans une si grande diversité d'opinions, nous trouverons que ces excellens personnages qui en ont été les Auteurs, si vous en exceptez un fort petit nombre, sont tous convenus en ce point, que la Verité est cachée, que les Sens & l'Entendement sont trompeurs & imbecilles, & que cet Entendement est dans une profonde ignorance de toutes choses.

Je ne mettrai point Homere à leur tête, & je ne me parerai point de son autorité, comme les Sceptiques s'en parent volontiers, ou suivant la coûtume de toute l'antiquité, qui en toutes sortes de questions a toûjours reclamé le suffrage d'Homere, ou parcequ'ils savoient qu'Arcesilas & Pyrrhon avoient toûjours Homere entre les mains, & en faisoient leur lecture ordinaire. Je n'alléguerai point non-plus les Sept Sages de la Grece, dont on veut que les maximes établissent cette loi de douter. Ces autoritez mandiées ont plus d'ostentation que de Verité.

Anacharsis. 1. J'en excepte toutefois Anacharsis, qui a soûtenu, à ce que l'on dit, qu'il n'y avoit aucune Régle de Verité, ou *Criterium*, & que l'Homme ne pouvoit rien comprendre; & qui a repris ceux des Grecs qui étoient dans un sentiment contraire.

Pherecyde. 2. Pour Pherecyde, on ne peut disconvenir qu'il n'ait été de ce sentiment, puisqu'il a écrit qu'il n'y a aucune Verité dans toutes les choses, & qu'il n'y en connoît point.

Pythagore. 3. Telle a aussi été la Doctrine de Pythagore, & dans les Ouvrages qui lui sont attribuez, on trouve cette célébre

célébre maxime ; que personne ne doit rien souhaiter, parceque personne ne sçait ce qui lui est le plus utile. Sachant donc bien, qu'avec toute l'application dont un homme est capable, il ne parviendroit jamais à la Sagesse, qui dépend de la connoissance de la Verité, il déclara à Leon, Prince des Phliasiens, qu'il ne possedoit ni la Science ni la Sagesse, que Dieu seul jouït de ce bien ; qu'il ne se vantoit d'autre chose que d'être amateur de la Sagesse, c'est-à-dire, Philosophe.

Empedocle. 4 Empedocle, disciple de Pythagore, profita de cette leçon, & se plaignit souvent, que la voye des Sens étoit trop étroite pour nous conduire à la Verité.

Gorgias Leontin. 5. Gorgias Leontin, Prince de ceux qu'on appelloit autrefois Sophistes, sortit de l'Ecole d'Empedocle. Il composa un Livre, qu'il divisa en trois parties. Il montroit dans la premiere, qu'on ne peut pas dire que rien existe. Il prouvoit dans la seconde, que quand il seroit vrai que quelque chose existe, l'homme ne le peut comprendre ; n'y ayant aucune Régle de Verité, ni l'Entendement, ni les Sens. Et dans la troisiéme il faisoit voir, qu'encore que l'homme pût comprendre quelque chose, il ne peut toutefois expliquer à un autre ce qu'il comprend.

Xenophane. 6. Xenophane, qu'on met au nombre des Pythagoriciens, reconnut aussi qu'on ne peut rien comprendre avec certitude; qu'il n'y a nulle Régle de Verité, ni la Raison, ni les Sens; que tout dépend de l'opinion. Et il soûtenoit cette Doctrine avec tant de hauteur, qu'on l'en crut le premier inventeur, quoiqu'il ne le fût pas.

Epicharme. 7. Epicharme, qui fut de la même Troupe, vouloit qu'on suspendît son jugement & sa créance, & prétendoit que de là dépendoit uniquement la Sagesse.

Parmenide. 8. Parmenide, à qui Platon donne le surnom de Grand, appelloit téméraires & arrogans, ceux qui croyoient avoir acquis la Science, puisqu'elle est au-dessus de la portée de l'homme.

Xeniade. 9. Xeniade Corinthien a avancé, qu'il n'y a aucun *Criterium*, ou Régle de de Verité ; que toutes choses sont fausses, nos Idées, nos opinions. Democrite fait mention de ce Xeniade ; & c'estpourquoi j'ai de la peine à croire, quoique je n'ose pas le nier, que ce soit le même Xeniade, pareillement Corinthien, qui eut Diogene pour esclave, & qui lui survêcut. Democrite fut plus ancien que Diogene, qui mourut à l'âge de quatre-vingt-dix ans.

Zenon d'Elée.

10. Zenon d'Elée est célébre entre ceux qui ont enseigné, qu'il faut suspendre sa créance. Il a été Auteur de la Secte Eleatique, laquelle néanmoins Platon (a) attribuë à Xenophane, & qu'il soûtient même avoir été plus ancienne que Xenophane.

Heraclite.

11. Heraclite a soûtenu la même Doctrine.

Anaxagore.

12. Comme aussi Anaxagore, qui a décidé que toutes choses sont environnées de ténébres.

Democrite.

13. Democrite enseignoit que les causes des choses étoient inconnuës ; qu'il n'y avoit rien de vrai ; ou que s'il y avoit quelque chose de vrai, nous

(a) *Platon. Sophist.*

ne le connoissions point ; qu'il ne sçavoit point s'il sçavoit quelque chose, ou s'il ne sçavoit rien ; s'il y avoit quelque chose, ou s'il n'y avoit rien. Il rejettoit toute sorte de démonstrations ; & on rapporte principalement de lui cette Maxime, que la Verité est cachée dans le fond d'un puits.

Protagore. 14. Protagore, un des Disciples de Democrite, fut surnommé la Sagesse. Il disoit qu'il n'y avoit nulle Régle de Vérité ; qu'il n'y avoit rien de vrai ni de faux ; qu'il y avoit une grande différence d'homme à homme ; que ce qui paroît à l'un ne paroît pas à l'autre ; qu'aucune chose nest pas plus d'une sorte que d'une autre sorte. Et ayant reconnu qu'il n'y a rien dont on ne puisse dire le pour & le contre, & qu'il étoit même incertain si l'on pouvoit disputer pour & contre une même chose, il fut le premier qui établit la méthode de défendre sur chaque matiere les deux opinions contraires.

15. Socrate, cet illustre Auteur de l'art de douter, prit ensuite la même voye, & la rendit fort commune : Car ayant remarqué que les hommes ne savent rien, & ne savent pas

pas même qu'ils ne sçavent rien, il le déclara hautement, & fit profession de ne rien sçavoir; & il crut que ce fut par-là qu'il mérita l'éloge qui lui fut donné par l'Oracle d'Appollon, d'être le plus sage de tous les hommes; le souverain point de la Sagesse étant de reconnoître son ignorance.

Nous voyons donc par les Dialogues de Platon, que sur quelque matiere qu'on lui proposât, il n'assuroit jamais rien, se contentant de réfuter ceux qui avoient eu la témérité d'assurer quelque chose. C'est ce qui obligeoit ses Adversaires de le traiter d'ignorant & de fat, voyant qu'il se contentoit d'interroger les autres, sans vouloir jamais répondre à aucune question, & qu'il avoüoit son ignorance & sa stupidité. Il se donna donc tout entier à l'étude de la Morale, abandonnant celle de la Physique, qu'il avoit d'abord cultivée diligemment, & qu'il reconnut enfin surpasser la portée de l'Esprit de l'homme. En son particulier, il s'en sentit si incapable, qu'encore que dans les commencemens il s'y crût fort habile, & que d'autres en jugeassent comme lui ; à la fin néanmoins il en fut aveuglé à un tel point, qu'il fut obligé d'oublier tout ce qu'il y avoit appris. Il faisoit profession d'une si profonde ignorauce, qu'il ne sçavoit pas même s'il étoit homme, ou quelque autre chose, ni enfin ce qu'il étoit.

Quelques-uns ont prétendu qu'il ne parloit pas sincerement ni sérieusement, lorsqu'il tenoit ce langage ; mais par ironie, ou par modestie, pour rabbattre la vanité des Sophistes, qui se vantoient sottement de ne rien ignorer, & d'être toûjours prêts de discourir sur toutes sortes de matieres. Si cela eût été ainsi, il n'eût pas perseveré si constamment dans l'aveu public qu'il faisoit de son ignorance ; principalement lorsqu'il parloit à ses Amis, & à des gens graves & sérieux, & lorsqu'il n'y avoit nulle occasion de décrier les Sophistes. Il n'eût pas examiné toutes choses, comme il avoit coûtume de faire, conformement à cette Doctrine ; & il n'eût pas donné une si fausse interprétation, & si contraire à ses sentimens, à l'Oracle qui avoit rendu témoimoignage à sa Sagesse. De lui sont sorties plusieurs Sectes de Philosophes, dont la plus célébre, que l'on a nommée Academie, a suivi cette sage méthode de douter de toutes choses, & l'a même augmentée, & portée à sa derniere perfection.

16. Platon, pere & instituteur de l'Academie, dressé par Socrate dans l'art de douter, & se déclarant son Sectateur, prit sa maniere de traiter les matieres, & entreprit de combattre tous les Philosophes qui l'avoient précedé. Ce n'est pas seulement dans ses Livres, qu'on appelle Gymnastiques; mais lors même qu'il paroît plus affirmatif, soit qu'il fasse parler Socrate, soit qu'il en fasse parler un autre, qu'il n'avance rien comme veritable; mais seulement comme vraisemblable, & qu'il s'attache à sa maxime, qu'il faut laisser la connoissance de la Verité aux Dieux & aux enfans des Dieux, & que nous devons nous contenter de la recherche de ce qui est probable. *Platon, Auteur de la premiere Academie.*

Les Academiciens qui ont suivi Platon, tâcherent de fixer cette Philosophie, qui avoit été jusqu'alors libre & vagabonde, & qui se trouvoit déjà chargée de la connoissance de plusieurs choses. Ils dresserent des Systêmes, des plans & des régles de Doctrine; & négligeant le précepte de Socrate leur premier maître, qui n'avoit point approuvé cette voye, ils établirent des loix pour enseigner & pour apprendre, & ils eurent même la hardiesse d'avancer des Dogmes.

Aristote. 17. Aristote retint néanmoins ces manieres incertaines & douteuses de disputer de toutes choses, & il fut suivi en cela par les Peripateticiens ses Sectateurs. On trouve plusieurs traits dans ses Ouvrages, & principalement dans ses Livres Metaphysiques, qui bien qu'ils ne nous ferment pas le chemin de la Verité, n'en permettent pas néanmoins la recherche, qu'en la commençant par le doute, & après en avoir fait voir la difficulté. Il lui est même échappé de dire, qu'il n'y a point de difference entre une ferme opinion, & une science D'où il s'ensuit que toutes les opinions des hommes étant incertaines, toutes leurs sciences le sont aussi.

18. Ar-

18. Arcesilas vint ensuite, qu'un ancien (a) Auteur appelle élegamment, l'illustre Prince de l'Academie, qui n'affirme rien. Ce fut lui qui rapella cette loi de douter de toutes choses, qui avoit été proposée par Socrate, & qui se trouvoit presque anéantie de son tems. Il reprit cette coûtume ancienne, de contredire toûjours dans la dispute tout ce que l'on avançoit, de soûtenir ce qui paroissoit le plus probable, & de n'aller point au-delà du vraisemblable. Il poussa les choses encore plus loin; car ayant remarqué que contre cette maxime de Socrate (je ne sçai autre chose sinon que je ne sçai rien) l'on pouvoit faire cette importante objection: Que l'homme peut donc savoir quelque chose, s'il sçait seulement qu'il ne sçait rien; il ne voulut pas même recevoir la maxime que Socrate avoit laissée, comme pour servir de consolation à l'imbecillité humaine; & il prononça que nous ne savons pas même si nous ne savons rien; qu'il n'y a rien de certain;

Arcesilas, Auteur de la seconde Academie.

(a) *Pompon. Mel.* Lib. I. cap. 18.

tain ; que la nature ne nous a donné aucune Regle de Verité ; que les Sens & l'Entendement humain ne peuvent rien comprendre de vrai ; que dans toutes les choses il se trouvoit des raisons opposées, d'une force égale ; qu'aucune chose n'étoit ni plus véritable, ni même plus vraisemblable qu'une autre ; que tout étoit envelopé de tenebres ; & partant qu'il ne falloit rien approuver, ni rien affirmer, & qu'il falloit toûjours suspendre son consentement. Ainsi jamais il ne déclaroit son sentiment, ne voulant pas même que l'on eût de sentiment. Et si quelqu'un vouloit avancer & soûtenir le sien, il le combattoit avec beaucoup d'agrément & de politesse, & avec beaucoup d'esprit & de subtilité.

Mais après tout, ce même homme, qui lorsqu'il étoit question de Philosopher, ne demeuroit pas d'accord qu'une chose fût plus véritable ou plus vraisemblable que l'autre, quand il revenoit à l'usage de la vie commune, il suivoit ce qui lui paroissoit avoir plus de probabilité. Cependant en pratiquant & soûtenant cette metho-

de

de de philosopher, sa grande modestie ne lui permettoit pas de s'en dire l'Auteur ni l'inventeur ; mais il la raportoit à Socrate & à Platon, à Parmenide, & à Heraclite. Il avoit été pourtant attiré à ce parti par Pyrrhon, auquel il s'étoit attaché, après avoir abandonné Theophraste, Crantor, Diodore, & Menedeme.

Il fut donc véritablement Pyrrhonien, & les Pyrrhoniens l'ont mis au nombre des Sceptiques & des Pyrrhoniens, quoiqu'il ne rejettât pas le titre d'Academicien. Il le faut donc tenir, non seulement pour le restaurateur, mais encore pour le reformateur de la doctrine de Socrate & de l'ancienne Academie. C'est lui qui a donné la naissance à la nouvelle Academie, qui est établie sur des fondemens bien plus solides que l'ancienne. Cependant quoiqu'il eût beaucoup de disciples, sa doctrine néanmoins ne fut pas d'abord fort goûtée, parcequ'il sembloit vouloir éteindre toute la lumiere de la science, jetter des tenebres dans l'Esprit, & renverser les fondemens de la Philosophie.

Lacyde. 19. Lacyde fut le seul qui défendit la doctrine d'Arcesilas. Il la transmit à Evandre, qui fut son disciple avec beaucoup d'autres. Evandre la transmit à Hegesime, & Hegesime à Carneade.

Carneade, Auteur de la troisiéme Academie. 20. Carneade ne suivoit pas pourtant en toutes choses la doctrine d'Arcesilas, quoiqu'il en retînt le gros & le sommaire. Cela le fit dire Auteur d'une nouvelle Academie, qui fut nommée la troisiéme. Sans jamais découvrir son sentiment, il combatoit avec beaucoup d'esprit & d'éloquence toutes les opinions qu'on lui proposoit. Car il avoit apporté à l'étude de la Philosophie une force d'esprit admirable, une memoire fidelle, une grande facilité de parler, & un long usage de la Dialectique. On l'alloit donc entendre en grand concours; & lorsque les Atheniens le députerent vers le Senat de Rome pour des affaires de conséquence, & lui donnerent pour adjoints Critolaus Peripateticien, & Diogene Stoïcien, Philosophes de grande réputation, il fut reçu des Romains fort favorablement.

Ce

Ce fut alors que l'on commença à connoître à Rome le pouvoir de l'Eloquence, & le mérite de la Philosophie. Et cette florissante jeunesse, qui méditoit dès-lors l'Empire de l'Univers, attirée par la nouveauté & l'excellence de cette noble science & dont Carneade faisoit profession, le suivoit avec tant d'empressement, que Caton, homme d'ailleurs d'un excellent jugement, mais rude, un peu sauvage, & manquant de cette politesse que donnent les Belles Lettres, à la maniere des Romains de son siecle, eut pour suspect ce nouveau genre d'érudition, qui persuadoit & obtenoit tout ce qu'il vouloit, & fut d'avis dans le Senat, qu'on accordât à ces Deputez ce qu'ils demandoient, & qu'on les renvoyât promptement avec honneur.

Il est vrai que Carneade renversoit par ses raisons tout ce qu'il avoit entrepris de combattre, & qu'il demeuroit invincible dans les opinions qu'il soûtenoit. De sorte que les Stoïciens, gens contentieux & subtils dans la dispute, avec qui, & lui, & Arcesilas, avoient de fréquentes con-

contestations, se pouvoient à peine défendre contre lui. Il s'attacha, comme j'ai dit, à la doctrine d'Arcesilas, si l'on en excepte quelques points sur quoi ils ne convenoient pas, comme sur la Regle de Verité, sur l'incomprehensibilité, sur les choses qui sont incertaines, & sur la suspension de la créance.

Il apportoit plusieurs nouvelles preuves sur cette matiere; mais tout cela se réduisoit néanmoins à soûtenir qu'il n'y a nulle Regle assurée de science; qu'on ne peut rien comprendre; qu'il faut suivre en toutes choses la probabilité; que toutes les loix & les coûtumes ont été établies par les opinions des hommes & par la nature; que les hommes vivent dans une si grande ignorance de la Verité, & dans une si grande obscurité de toutes choses, qu'il ne recevoit pas même ces principes, dont il semble que la lumiere naturelle nous fait connoître la Verité, comme par exemple; Que deux choses sont égales entre elles, quand elles sont égales à une troisiéme. Les Stoïciens, à qui il faisoit la guerre, disoient pour dimi-

nuer

nuer sa réputation, qu'il n'apportoit rien contre eux, dont il fût l'inventeur, & qui fût de son cru; mais qu'il avoit pris ses objections dans les Livres de Chrysippe, Stoïcien. Il étoit si modeste, qu'il en demeuroit d'accord, disant que sans le secours de Chrysippe il n'auroit rien fait, & qu'il combattoit Chrysippe des propres armes de Chrysippe.

Il est vrai que Chrysippe voulant combattre cette loi de douter, & cette Suspension des Academiciens, avoit raporté toutes les preuves, non seulement dont ils avoient coûtume de se servir pour la défendre; mais encore dont ils se pouvoient servir. Mais lorsqu'il fut question de détruire ces preuves, & qu'il n'eut rien oublié pour en rabbattre les coups, ce fut alors qu'on reconnut sans peine, combien la cause des Academiciens étoit superieure à celle des Stoïciens; puisque l'ennemi declaré des Academiciens étant armé de leurs raisons, avoit paru bien plus fort que lorsqu'il avoit entrepris de les refuter. Ainsi Chrysippe se nuisit à lui-même par sa propre force, & il fournit à

Carneade

Carneade des armes contre lui-même.

Clitomaque. 21. Carneade jouït long-tems de sa sa gloire, & il eut d'excellens hommes pour ses disciples. Clitomaque entre autres, qui étant Carthaginois, & déja instruit dans la Philosophie de son païs, fut instruit ensuite par Carneade dans la Philosophie Grecque, lui aida à l'établissement de la troisiéme Academie, & enfin lui succeda. Il avoit beaucoup d'esprit, il étoit studieux & diligent, & ayant demeuré long-tems avec Carneade, qui n'avoit jamais rien écrit, il avoit eu soin de recueillir tous ses discours, toutes ses actions, & toutes ses pensées. Il y avoit pourtant de certains points sur quoi il n'avoit jamais pu pénétrer le sentiment de Carneade.

Tel fut l'effet de la longue habitude qu'avoit prise Carneade, même avec ses plus familiers, de n'assurer jamais rien. De reste, il n'y avoit entr'eux nulle diversité d'opinions; car Clitomaque vouloit comme lui, que l'on suspendît sa créance, parcequ'on ne peut rien comprendre; que l'on eût égard seulement aux choses probables dans la conduite de la vie, pourvu que

que l'on n'y donnât point sa créance & son consentement, y ayant plusieurs choses, qui bien que probables ne laissent pas d'être fausses, & n'ont aucune marque de Vérité qui ne se puisse rencontrer dans les choses fausses. Il n'avançoit point cette doctrine, comme lui étant propre, mais comme celle de l'Academie. Il avoit écrit quatre Livres sur la nécessité de suspendre sa créance. Je souhaiterois qu'ils fussent venus jusqu'à nous.

Philon, Auteur de la quatriéme Academie.

22. Philon fut disciple de Clitomaque, qui pour s'être éloigné sur de certains points des sentimens de Carneade & de Clitomaque, mérita d'être appellé avec Charmide fondateur de la quatriéme Academie. Car il disoit que les choses sont comprehensibles par elles-mêmes; mais que nous ne pouvons toutefois les comprendre par la faculté que la nature nous a donné de comprendre les objets dont les idées se présentent à nôtre Esprit: & qu'ainsi nous ne pouvons rien comprendre.

Antiochus, Auteur de la cinquiéme Academie.

23. Antiochus fut fondateur de la cinquiéme Academie. Il avoit été disciple de Philon pendant plusieurs

années,

années, & il avoit soûtenu la doctrine de Carneade, car il étoit subtil & poli : mais enfin il quitta le parti de ses maîtres sur ses vieux jours ; soit qu'il y fût engagé par les persuasions de Mnesarque Stoïcien, dont il avoit aussi pris les leçons ; soit qu'il ne pût resister aux persecutions continuelles que lui faisoient les Dogmatiques ; soit enfin que chatouillé par une vanité secrette, il voulût être Auteur d'une Secte, & avoit des disciples qu'on appellât de son nom les Antiochiens. Il se vantoit pourtant d'être rentré dans l'ancienne Academie, quoiqu'en effet il fût passé dans la Secte des Stoïciens. Mais il cherchoit à se laver de la note de legereté, & il étoit si bien persuadé que le nom de l'Academie lui feroit honneur, qu'il vouloit persuader aux autres qu'il en étoit sorti.

Il avoit donc fait passer dans l'Academie les Dogmes des Stoïciens, qu'il attribuoit à Platon, soûtenant que la doctrine des Stoïciens n'étoit point nouvelle ; mais qu'elle étoit une reformation de l'ancienne Academie. Il publia même un Ouvrage contre Philon son maître, ou plûtôt contre lui-même

même : Car cette même doctrine qu'il combattoit dans sa vieillesse, il l'avoit long-tems enseignée, & défenduë par de savans Ecrits. En cela même il confirmoit la doctrine de la nouvelle Academie, qu'il entreprenoit de réfuter; montrant assez par son inconstance, combien les jugemens des hommes sont peu surs pour la connoissance de la Verité, & combien les hommes sont éloignez de pouvoir jamais être assûrez s'ils peuvent savoir quelque chose ou non. Cette cinquiéme Academie ne fut donc autre chose qu'un assemblage de l'ancienne Academie, & de la Philosophie des Stoïciens; ou plûtôt c'étoit la Philosophie même des Stoïciens, portant l'habit & les titres de l'ancienne Academie; je veux dire, celle qui fut florissante entre Platon & Arcesilas. Car les Stoïciens avoient abandonné la Loi de douter, comme elle fut aussi abandonnée par Antiochus, dont les Dogmes se sont conservez, & que l'on voit n'avoir été ni Platonicien véritable, ni Socraticien.

24. Ce Philon dont j'ai parlé, ayant été contraint de quitter Athenes dans Ciceron,

la guerre de Mithridate, se retira à Rome, & eut Ciceron pour disciple. Il lui enseigna exactement tout le Systême de la nouvelle Academie. Après quoi Ciceron étant venu à Athenes, il fut instruit pendant six mois par Antiochus dans les préceptes de l'ancienne Academie. Lors même qu'il fut engagé dans les emplois honorables de la République, il ne quitta point l'étude de la Philosophie, & sa maison fut le réduit des premiers Philosophes de son tems.

Il demeura long-tems attaché à la doctrine de l'ancienne Academie, depuis qu'il l'eût connue par l'institution qu'il reçut d'Antiochus. Mais enfin les réflexions, l'étude, & l'usage du monde, l'ayant rendu plus savant, il revint à la Philosophie de Philon; & il lui arriva tout le contraire de ce qui étoit arrivé à Antiochus, qui quitta la nouvelle Academie pour retourner à l'ancienne: car Ciceron passa de l'ancienne à la nouvelle, qu'il éclaircit & défendit par des Ecrits qu'on ne sauroit assez estimer. Il se servit de la liberté que lui donnoit cette Secte avec si peu de contrainte, qu'il ne fai-

faisoit nul scrupule de changer d'opinions selon les diverses rencontres, disant ouvertement qu'il étoit libre, qu'il vivoit au jour la journée, & qu'il suivoit ce qui lui paroissoit le plus probable. Il loüoit souvent & publiquement cette maniere de Philosopher des Academiciens, comme modeste, commode, polie, & constante, & il ne craignit point de déclarer, qu'on ne peut rien dire de si extravagant, qui n'ait été dit par quelque Philosophe.

Varron, Pison, Lucullus & Brutus.

25. Varron s'exprima plus durement encore, disant qu'il ne peut rien venir de si étrange dans l'Esprit d'un malade qui est en délire, que quelque Philosophie n'ait osé l'avancer. Cet homme, qui étoit le plus sçavant des Romains, avoit été imbu des préceptes d'Antiochus, & je ne fais pas de doute que dans cette Satire qu'il avoit intitulée, *les Eumenides*, & par laquelle il avoit entrepris de prouver que tous les hommes sont insensez; il n'eût ramassé plusieurs preuves pour montrer qu'il n'y a aucune connoissance de la Verité dans l'Esprit humain.

Pison avoit pris aussi des leçons d'Antiochus, comme beaucoup d'autres, & principalement Lucullus, si illustre par les grandes choses qu'il avoit executées, par l'élégance de son esprit, & par son érudition dans les Belles Lettres. Etant Questeur, & ensuite Général d'Armée, il se fit toûjours accompagner par Antiochus. Et ce fut lui qui le rendit si zélé partisan de l'ancienne Academie, comme Aristé frere d'Antiochus, engageà dans la même Secte Brutus, homme de très-grand mérite. Et eux, & tous les autres disciples d'Antiochus, se continrent dans les bornes de cette ancienne Academie. L'étude de la Philosophie fleurissoit alors à Rome, pendant que l'Academie étoit presque deserte dans la Grece même, qui étant opprimée par les armes des Romains, & agitée continuellement des troubles de la guerre, pensoit bien moins à la recherche de la Verité qu'à son salut.

Origine du Pyrrhonisme.

26. Or cet art de douter correctement, qui ne fait pas seulement profession d'ignorance, mais d'ignorer même son ignorance, avoit fait de

de grands progrez avant Arcesilas.

27. Car Metrodore de Chio, qui étoit sorti de l'Ecole de Democrite, ou comme quelques-uns le prétendent, de celle de Nassa, & qui étoit de la même Isle de Chio, & qui avoit été instruit par Protagore, Disciple de Democrite, mit cette maxime à la tête de son Ouvrage *De la nature*: Personne de nous ne sçait rien, & nous ne sçavons pas même si nous ne sçavons rien. Ce fut cela qui fit dire, qu'il avoit ôté toute Régle de Verité, qu'on nomme *Criterium*. *Metrodore.*

28. Anaxarque fit le même. Il étoit natif d'Abere, défenseur de la Doctrine de Democrite, & il fut surnommé Eudæmonique, à cause de la fermeté de son courage, & de la facilité de ses mœurs. C'est ce qui le mit en grande considération auprès d'Alexandre qu'il accompagna. Il ôta, comme j'ai dit, toute Régle de Verité, disant que nous ne pouvions comprendre les choses par notre Esprit, que comme les foux, ou ceux qui sont endormis les peuvent compren- *Anaxarque.*

dre ; que les choſes de la maniere qu'elles ſe préſentent à notre Eſprit, ſont ſemblables à un tableau, qui nous préſente la reſſemblance des choſes, mais non pas les choſes mêmes ; qu'enfin il ne ſçavoit rien, & qu'il ne ſçavoit pas même s'il ne ſçavoit rien : Ce qu'il avoit apris de ſon maître Metrodore.

Pyrrhon. 29. L'art de douter étoit alors preſque dans ſa perfection, & l'Eſprit Humain étoit convaincu de ſa foibleſſe, lorſque Pyrrhon, natif de la Ville d'Elide, mit à cet art la derniere main ; car après avoir leu les Livres de Democrite & de Metrodore, il ſuivit Anaxarque dans les Indes, & il eut des conférences avec les Mages & les Gymnoſophiſtes ; & étant de retour en ſon pays, il propoſa un genre plus parfait d'Incompréhenſibilité, que les Grecs nomment *Acatalepſie* : Car ayant remarqué avec beaucoup de pénétration, que les Anciens après avoir reconnu leur ignorance en toutes choſes, & même leur ignorance de cette ignorance, gardoient néanmoins une maniere de Philoſopher, qui ſembloit admettre quelques connoiſſances, comme

comme certaines, & user de quelques affirmations, il lui fit prendre une nouvelle forme, & la mit hors de prise à toutes les chicanes des Dogmatiques. Veritablement il n'en a rien laissé par écrit : mais il a eu des Disciples, & ces Disciples en ont eu d'autres, qui ont pris soin d'exposer cette Doctrine dans des Ouvrages dont quelques-uns sont venus jusqu'à nous, & qui nous l'ont conservée dans son integrité.

C'est ce qui nous dispense d'en faire un plus grand détail. Il suffit de dire que les Pyrrhoniens n'ont admis aucune Régle, de Verité, nul raisonnement, nulle marque pour reconnoître la Verité, qu'ils n'ont rien affirmé, rien défini, rien jugé : qu'ils ne croyoient point qu'une chose fût plûtôt ceci que cela ; que quelques raisons qu'on leur proposât, ils en trouvoient de la même force pour soûtenir le parti contraire ; qu'ils ne préferoient aucune raison à une autre ; qu'ils soûtenoient qu'il n'y avoit rien de vrai, & que tout se faisoit par coûtume ; & que lors même qu'ils avançoient toutes ces propositions, ils ne les assuroient pas ; mais qu'ils le faisoient seulement par esprit de contradiction. Car Pyrrhon combattoit tous les Dogmes des autres Sectes, lorsqu'il soûtenoit qu'il les falloit rejetter, il n'exemptoit pas de cette Loi ses propres sentimens qu'il ne croyoit pas plus certains, ni plus recevables que tout le reste: & quand il disoit qu'on ne pouvoit rien comprendre, il ne prétendoit pas avoir compris cela même, qui étoit également incompréhensible.

C'estpourquoi de sa proposition, que rien ne peut être compris, qui est une proposition universelle, il n'exceptoit pas cette même proposition ; & il la comparoit à une Médecine, qui ne chasse pas seulement de notre corps les matieres peccantes & superfluës ; mais qui s'en chasse soi-même avec le reste. Cependant en cessant d'esperer de pouvoir connoître la Verité, il s'arrêtoit aux apparences, & vouloit qu'elles tinssent lieu de *Criterium*, ou de Régle de Verité, dans l'usage de la vie ; & qu'on suivît les loix, les coûtumes, & les sentimens naturels ; mais sans former aucuns

aucuns jugemens ni aucunes opinions.

Par cette voye il parvint fortuitement à cette tranquillité d'Esprit, qu'il cherchoit, & qu'il avoit esperé de trouver dans l'étude de la nature. Et parceque ces sentimens qui nous viennent du dehors, & que nous appellons *Des Maux*, comme le froid, la faim, la soif, & les autres choses semblables, ne dépendent point de nos opinions; il fit seulement ce qui étoit en son pouvoir, s'abstenant de déterminer, si c'étoient des maux: ce qui les lui faisoit supporter avec beaucoup plus de modération. Par-là il mérita la loüange d'une grande constance dans les périls. Il fut bien éloigné d'être tel qu'on l'a voulu representer, n'évitant aucun péril, ne se détournant pas de son chemin à la rencontre d'un chariot ou d'un précipice, ne chassant point les chiens qui le vouloient mordre, fuyant la compagnie des hommes, errant solitaire, ou demeurant immobile dans le même état.

Tout cela a été controuvé pour le tourner en ridicule, par des gens peu ſinceres, & mal informez de ſa Doctrine. Il fut au contraire fort conſideré parmi ſes concitoyens, qui lui déférerent le Souverain Pontificat de ſe Patrie, & lui rendirent de grands honneurs, accordant même en ſa faveur à tous les Philoſophes l'immunité des Charges publiques. Les Atheniens lui donnerent le droit de Bourgeoiſie. On dit même qu'il reçut d'Alexandre un préſent de dix mille écus d'or, lorſqu'il l'aborda la premiere fois, ſoit pour le ſaluer, ſoit pour lui préſenter un Poëme qu'il avoit fait en ſon honneur.

Epicure avoit beaucoup d'admiration pour lui, & s'informoit ſouvent de ſes mœurs & de ſon genre de vie. Mais, direz-vous, Epicure l'a traité d'ignorant. Mais qui des Philoſophes la médiſance d'Epicure a-t-elle épargné? Il n'a pas même reſpecté Democrite, qui fut la ſource d'où il puiſa ſa Philoſophie; ni Nauſiphane de Teos, qui avoit été ſon maître, & qui avoit été Diſciple de Pyrrhon. Il lui ſeioit mal de reprocher à Pyrrhon ſon ignorance, ignorant lui-même, & n'ayant nulle teinture des belles Let-

tres.

tres. Il avoit même coûtume d'insulter ceux qui s'y appliquoient, sous prétexte que ces connoissances ne contribuent rien à la Sagesse; mais en effet pour cacher son ignorance sous ce mépris simulé.

Mais Pyrrhon fut estimé ignorant, non pas tant parcequ'il l'étoit en effet, comme Ciceron (*a*) le témoigne, comme il en faut tomber d'accord, que parceque suivant le Systême de sa Philosophie, il faisoit profession de ne rien sçavoir, & de ne pouvoir rien sçavoir; quoique d'ailleurs des hommes de grande érudition soient sortis de son Ecole. D'autres personnes encore le traiterent avec beaucoup d'indignité, non pas tant par l'aversion que l'on avoit pour le Docteur, que pour la Doctrine.

Mais d'un autre côté il fut en grande estime parmi le Peuple. Ses Disciples, qui furent en grand nombre, le comblerent de loüanges, & principalement Timon de Phlius, qui vante merveilleusement son esprit, sa subtilité, & sa pénétration dans la dispute,

(*a*) *Cicer.* libr. 3. *De finib.*

te, sa constance dans les accidens de la vie, & sa modestie. Il l'appelle un Soleil, & ne croit pas qu'aucun autre homme lui puisse être comparé. C'est lui selon la conjecture de Pocockius, que les Arabes appellent *Phurun*; & que dans l'ignorance où ils sont de l'Histoire Grecque, ils croyent avoir été Disciple de Thalès & de Pythagore; comme si la Doctrine de Pyrrhon avoit renfermé toute la Philosophie des Grecs, qui fut divisée en deux Sectes, l'Ionique & l'Italique.

Les Sectateurs de Pyrrhon furent appellez de son nom Pyrrhoniens. On les nomma aussi Sceptiques, parcequ'ils considéroient & examinoient le poids des raisons qui se présentoient pour & contre sur chaque question. On les appella Zetetiques, parcequ'ils s'appliquoient à chercher la Verité; & on leur donna le nom d'Aporetiques, parcequ'ils faisoient profession de douter de toutes choses.

Ce fut sur leurs préceptes qu'Arcesilas entreprit de reformer l'ancienne Academie, & de former la nouvelle: Car on dit qu'il imita Pyrrhon,

&

& qu'il conversa avec Timon. Desorte, qu'ayant enrichi l'Epoque, c'est-à-dire, l'art de douter de Pyrrhon, de l'élegante érudition de Platon, & l'ayant armée de la Dialectique de Diodore; Ariston lui appliquoit plaisamment ce vers d'Homere sur la Chimere, qui dit qu'elle étoit Lion pardevant, Dragon parderriere, & Chimere; c'est-à-dire, Chevre par le milieu. Ainsi Arcesilas étoit, selon lui, Platon pardevant, Pyrrhon parderriere, & Diodore par le milieu. C'estpourquoi quelques-uns le rangent au nombre des Sceptiques, & Sextus Empiricus soûtient, qu'il y a fort peu de différence entre sa Secte, qui est la Sceptique, & celle d'Arcesilas, qui est celle de la moyenne Academie.

Combien il y a eu véritablement d'Academies, & quelle a été la différence de l'Academie, & du Pyrrhonisme.

30. Quoiqu'il suffise pour mon dessein, d'avoir démontré, comme j'ai fait & comme je vais continuer de faire, que les plus illustres Philosophes de l'antiquité ont reconnu la Foiblesse de l'Esprit humain, je ne croirai pas néanmoins avoir perdu ma peine, si je fais voir en quoi la nouvelle Academie a été différente de l'an-

l'ancienne; & en quoi l'une & l'autre a été différente du Pyrrhonisme. Quelques-uns ont prétendu qu'il n'y a eu qu'une seule Academie. Philon, qui fut l'Auteur de la quatriéme Academie, avoit écrit un Livre pour le prouver. Plutarque en avoit écrit un autre.

Cela se trouvera vrai, si sans s'arrêter à leurs contestations, on n'a égard qu'à ce premier principe, qui fut posé par Socrate, que l'homme ne sçait rien. Car comme plusieurs branches qui sortent d'un même tronc, & qui s'étendent vers différens côtez, ne font pas des arbres différens; de même toutes ces Sectes, qui sont sorties de ce tronc unique de la Doctrine de Socrate, quoique partagées en diverses Ecoles, ne font cependant qu'une seule Academie. Que si néanmoins nous y regardons de plus près, il se trouve une telle différence entre l'ancienne & la nouvelle Academie, qu'il faut nécessairement reconnoître deux Academies. Car lorsque Socrate a dit, qu'il ne sçavoit qu'une chose, sçavoir qu'il ne sçavoit rien, il a reconnu nu qu'il sçavoit quelque chose, & partant il a cru que l'homme pouvoit sçavoir quelque chose avec certitude.

Arcesilas au contraire a laissé cela dans l'incertitude, & en cela consiste une différence capitale & invincible; les uns croyans avec Socrate que l'homme peut sçavoir quelque chose; & les autres soûtenans avec Arcesilas, que l'homme ne peut rien sçavoir. Quant au correctif que Carneade & Philon apporterent à la Doctrine d'Arcesilas, il est très-léger, & ne doit presque être compté pour rien. Car il est aisé de concilier ce que disoit Arcesilas, qu'il ne se trouve aucune Verité dans les choses, avec ce que disoit Carneade, qu'il ne nioit point qu'il n'y eût quelque Verité dans les choses; mais que nous n'avons aucune régle pour les discerner. Car il y a deux sortes de Veritez, selon la distinction de l'Ecole; l'une que l'on appelle *Verité d'existence;* l'autre que l'on appelle *Verité de jugement.* Or il est clair que ces deux propositions d'Arcesilas & de Carneade, regardent la Verité de jugement: car comment des gens qui soûtenoient qu'on qu'on ne peut rien savoir ni affirmer, auroient-ils cru pouvoir savoir & affirmer quelque chose de la *Vérité d'existence*, c'est-à-dire, que les choses existent ? Mais la *Vérité du jugement* est du nombre des choses relatives, qui ne doivent point être considerées seules & en elles-mêmes, mais comme ayant raport à d'autres choses, car elle se raporte à nôtre Esprit. Donc quand Arcesilas a dit, qu'il n'y a rien de vrai dans les choses, il a voulu dire qu'il n'y a rien dans les choses, que l'Esprit humain puisse connoître avec certitude. Et c'est cela même que Carneade soûtenoit.

De-plus Arcesilas disoit que rien ne pouvoit être compris, & que toutes choses étoient obscures : (car le mot d'*obscures* exprime mieux le terme Grec ἄδηλα, dont s'est servi Arcesilas, que celui d'*incertaines* qu'a employé Ciceron.) Carneade convenoit que rien ne peut être compris, mais il ne convenoit pas pour cela que toutes choses fussent obscures ; parceque les choses probables, ausquelles il vouloit que l'homme sage

s'attachât,

s'attachât, ne sont pas obscures. Mais encore qu'il se trouve en cela quelque difference d'expression, il ne s'y trouve aucune difference en effet : car Arcesilas soûtenoit que les choses sont obscures de telle sorte, qu'elles ne peuvent être comprises ; mais non pas de telle sorte qu'elles ne soient point probables ou improbables. C'étoit-là le sentiment de Carneade : car il ne nioit pas que les choses ne soient obscures de telle sorte, qu'elles ne peuvent être comprises ; mais il nioit seulement qu'elles soient obscures de telle sorte, qu'on ne puisse pas discerner celles qui méritent d'être préferées dans l'usage de la vie, de celles qui doivent être rejettées.

Il s'ensuit de là, qu'il n'y avoit pas même de diversité de sentimens entre eux, en ce que Carneade permettoit à l'homme sage d'avoir des opinions, & peut-être même de donner quelquefois son consentement ; au lieu qu'Arcesilas défendoit l'un & l'autre. Carneade prétendoit seulement, que l'homme sage devoit se servir des choses probables dans le commun usage de la vie, & sans lesquelles on ne

pourroit

pourroit vivre ; mais non pas dans la conduite de l'Esprit, & dans la recherche de la Verité, d'où seulement Arcesilas bannissoit l'opinion & le consentement. Tous leurs différens ne consistoient donc que dans les expressions, mais non dans les choses mêmes.

Il n'y avoit pas non-plus grande différence entre la Doctrine de Pyrrhon & les précédentes : Car quand il disoit que c'étoit la foiblesse de notre Esprit, & non pas la nature des choses, qui empêchoit que nous ne les puissions comprendre, c'étoit en cela même qu'Arcesilas & Carneade ne convenoient pas entr'eux ; Arcesila soûtenant qu'il n'y avoit aucune Verité dans les choses, & Carneade avoüant qu'il y avoit bien quelque Verité dans les choses ; mais prétendant que nous ne la saurions comprendre. Or encore que cela soit différent dans les termes, il n'est pourtant pas différent en effet ; car de dire qu'il n'y a nulle Verité dans les choses, & que la Verité des choses de sa nature ne peut être comprise, ce sont des propositions relatives, &

& qui se raportent à l'Entendement humain, & telle est leur signification, que la nature des choses n'est pas ce qui empêche que l'Entendement humain ne les puisse comprendre ; mais l'obscurité & la foiblesse de l'Entendement humain.

Philon demeuroit aussi d'accord avec Carneade, que le Sage pouvoit avoir quelques opinions. Mais quand il disoit que le Sage pouvoit aussi comprendre quelque chose, non toutefois de telle sorte qu'il n'y restât quelque sujet de douter, il semble qu'il a abusé du mot de comprendre. Car si dans la compréhension il se trouve quelque sujet de douter, elle n'est point compréhension, mais opinion. Desorte qu'il retomboit dans le sentiment de Carneade, & il convenoit qu'il falloit suivre la probabilité dans l'usage de la vie, & dans la conduite des mœurs. Mais pour la cinquiéma Academie, qui fut celle d'Antiochus, elle fut purément dogmatique ; car elle ne fut autre chose que l'ancienne Academie, parée des lambeaux des Stoïciens ; & ainsi elle ne doit avoir aucune part à cette Dissertation.

Il n'y a eu que deux Academies, l'ancienne, & la nouvelle, & la nouvelle a été un véritable Pyrrhonisme.

31. Il faut donc tomber d'accord, qu'il n'y a eu proprement que deux Academies ; l'ancienne, qui fut celle de Socrate & d'Antiochus ; & la nouvelle, qui fut celle d'Arcesilas, de Carneade & de Philon : & je soûtiens que cette nouvelle Academie n'est autre que la Philosophie de Pyrrhon : Car encore que l'on propose quelques chefs en quoi elles semblent differer, néanmoins cela n'est pas si considerable, qu'il en faille faire deux Sectes, puisque l'ancienne & la nouvelle Academie, quoique differentes en des points bien plus essentiels, ont néanmoins retenu le même nom d'Academie. Nous voyons même qu'encore que la doctrine d'Aristote se soit tellement répandue, qu'il s'en est formé une infinité de Sectes, si differentes dans leurs Dogmes, qu'ils se traitent les uns les autres d'insensez ; il retiennent tous néanmoins le nom de Peripateticiens, & d'Aristoteliciens.

C'est une ancienne question, comme nous l'apprenons d'Aulugelle (a), &

(a) *A. Gell.* Libr. II. cap. 5.

& fort débatue par plusieurs Auteurs Grecs, savoir en quoi different les Academiciens & les Pyrrhoniens. Plutarque avoit fait un Livre sur cette matiere. Mais puisque le tems nous a privez de ces secours de l'antiquité, suivons Sextus Empiricus, qui a raporté si exactement tous les points en quoi consiste cette difference, qu'il ne s'y peut rien ajoûter.

32. Il met le premier point du décord de la nouvelle Academie, & de la doctrine Sceptique, en ce que l'une & l'autre disant que l'Entendement humain ne peut rien comprendre, les Academiciens le disent affirmativement, & les Sceptiques le disent en doutant. Mais cette difference n'est d'aucune considération, & Sextus la propose avec incertitude. En effet, celui qui croit qu'on ne peut rien savoir, & qu'on ne sçait pas même si l'on ne peut rien savoir, comment pourra-t-il affirmer quelque chose ? Car quiconque affirme quelque chose, il déclare qu'il sçait ce qu'il affirme.

On propose les differends entre la nouvelle Academie, & la Secte des Sceptiques, & on les concilie. Premier differend.

33. Le second point de difference propose

Second différend. proposé par Sextus, paroît plus important, quoiqu'il soit leger en effet, & ne consiste que dans l'usage du mot, & nullement dans la chose. Ils conviennent les uns & les autres, qu'il y a quelque chose qui est bon, & quelque chose qui est mauvais. Mais lorsque les Academiciens disent cela, ils disent en même-tems qu'ils sont persuadez qu'il est plus probable que ce qu'ils trouvent bon, est bon, qu'il n'est probable qu'il ne soit pas bon : & qu'il en est de même de ce qui est mauvais. Et lorsque les Sceptiques disent que quelque chose est bon, ils ne disent pas pour cela qu'ils soient persuadez que ce qu'ils disent soit plus probable que son contraire : ils disent seulement qu'ils suivent l'usage commun de la vie, mais sans persuasion & sans opinion.

Toute la difference consiste donc dans cette opinion, que les Academiciens confessent avoir, & que les Sceptiques desavoüent. Mais quand les Sceptiques, dans l'usage de la vie, choisissent quelque chose comme me bon, & le préferent à une autre, ils ſont conduits à cela par une apparence de bonté qui ſe trouve dans cette choſe, & qui ne ſe trouve pas dans l'autre. Ils ont donc dans l'Eſprit une idée forte & remarquable, qui y a été imprimée par cette image & apparence de bonté, qui ſe trouve dans cette choſe, & non pas dans l'autre : & c'eſt par cette idée qu'ils ſont conduits au choix de cette choſe, d'où l'idée eſt partie. Mais les Academiciens ſont conduits auſſi par une ſemblable idée, au choix d'une choſe qui leur paroît bonne.

Toute la difference conſiſte en ce que les uns & les autres étant conduits par cette idée, imprimée dans leur Eſprit par cette apparence de bonté, les Academiciens la ſuivent ; & les Sceptiques s'y laiſſent conduire ; & en ce que les Academiciens appellent cela *opinion* ou *perſuaſion*, & non les Sceptiques : bien que ni les uns ni les autres n'affirment que la choſe d'où part cette image ou apparence de bonté, ſoit bonne ; mais les uns & les autres avoüent que la choſe qu'ils ont choiſie, leur ſemble bonne ;

bonne, & qu'ils ont cette idée imprimée dans l'Esprit, à laquelle ils se laissent conduire. Les Sceptiques ne nient pas même qu'ils n'ayent quelque persuasion; mais ils mettent quelque difference entre leur genre de persuasion, & celle des Academiciens, comme je le ferai voir.

Troisiéme differend.

34. Leur troisiéme décord revient au même. Les Academiciens soûtiennent que quelques-unes de leurs idées sont vraisemblables,, les autres non; & qu'entre celles qui sont vraisemblables il y a du plus & du moins. Les Sceptiques prétendent qu'elles sont égales, par rapport à la créance que nous leur donnons. Mais Sextus qui propose cette difference, fournit lui-même le moyen de la lever; car il dit que les Sceptiques veulent que la foi des idées soit égale par raport à la Raison, c'est-à-dire, en tant qu'elle se raporte à la connoissance de la Vérité, & à l'acquisition de la science par la Raison. Car l'idée, la plus claire n'a pas plus de pouvoir pour me faire connoître la Vérité, que la plus obscure : mais en ce qui regarde l'usage de la vie, ils veulent

que

que l'on préfere cette idée claire à celle qui est obscure. Et sur cela Arcesilas ne parloit & ne pensoit point autrement que les Sceptiques.

35. La quatriéme difference ne consiste pas dans la chose, mais dans la maniere de la chose : car les uns & les autres avoüent qu'ils sont attirez par quelques objets ; mais les Academiciens disent que cette attraction se fait en eux avec une vehemente propension, ce que les Sceptiques ne disent pas ; comme si les uns étoient portez vers les choses vraisemblables, & que les autres s'y laissassent seulement conduire ; quoique ni les uns ni les autres n'y donnassent leur créance ni leur consentement. *Quatriéme different.*

36. Sextus Empiricus met encore entr'eux une autre difference, sur les choses qui concernent la fin, disant que les Academiciens suivent la probabilite dans l'usage de la vie, & que les Sceptiques obéïssent aux loix, à la coûtume, & aux affections naturelles. En cela, comme en plusieurs autres choses, leur langage est different, quoique leurs sentimens soient pareils. *Cinquiéme different.*

pareils. Car les Sceptiques obéïssent aux loix, à la coûtume, & aux affections, parcequ'il leur paroît que c'est une bonne chose de faire ainsi; c'est-à-dire, de suivre l'idée qui est imprimée dans leur Esprit par cette image ou apparence de bonté, qui se trouve dans les affections, dans la coûtume, & dans les loix. Or de suivre l'idée imprimée dans l'Esprit, c'est ce que les Academiciens appellent approuver, ou avoir une opinion: & cette apparence de bonté, d'où cette idée est partie, c'est ce qu'ils appellent probable.

Desorte que quand l'Academicien obéit aux loix, il dit qu'il le fait parcequ'il a opinion que cela est bon à faire, & que cela est probable: & quand le Sceptique fait la même chose, il ne se sert point de ces termes d'opinions & de probabilité, craignant que cela ne le mene à donner sa créance. Pareillement la fin des Sceptiques & d'Arcesilas, étant l'*Epoque*, c'est-à-dire, la Retention de la créance, & sa compagne l'*Ataraxie* c'est-à-dire, l'Imperturbabilité; il est nécessaire que cela paroisse bon aux uns, &

& autres, comme il leur paroissoit en effet; car & lui & eux convenoient que les Epoques particulieres étoient des biens, & que les assensions ou consentemens particuliers étoient des maux; & il est nécessaire que les uns & les autres fuyent les uns, & suivent les autres. Or de poursuivre une chose, comme un bien, soit que vous appelliez cela approuver, ou avoir opinion, ou quelque nom que vous lui donniez, la chose demeure toûjours la même sans nulle différence.

37. Sextus rapporte encore une autre disconvenance entre Arcesilas & les Sceptiques; en ce que & lui & eux disant que l'Epoque, ou Retention de créance est un bien, & que la Créance ou consentement est un mal, les Sceptiques ne l'affirment pas; mais ils disent seulement que cela leur paroît ainsi; au lieu qu'Arcesilas croit que la chose est telle en effet qu'il le dit, & de sa propre nature. Mais Sextus ne lui attribuë ce sentiment que par soupçon & par conjecture, & Aulugelle (a) dit formellement le con-

Sixiéme différend.

(a) A. Gell. Lib. XI. cap. 5.

contraire : car il écrit que les Academiciens & les Sceptiques ont soûtenu que les idées se forment des objets extérieurs, non pas selon la nature de ces objets ; mais selon la disposition du corps & de l'Esprit de ceux en qui se forment ces idées.

D'ailleurs, la bonté de la fin est du nombre des choses relatives, comme nous l'avons dit ci-dessus en parlant de la Verité des choses. Or la bonté de la fin se rapporte à nous, & il n'y a point d'autre raison qui puisse faire dire que la fin soit bonne, que parcequ'elle nous semble bonne. D'où il s'ensuit qu'Arcesilas n'a pu penser de la bonté de la fin, autrement que les Sceptiques. Croirons-nous enfin qu'Arcesilas ait pensé que les choses ayent quelque chose de bon de leur nature, lui qui n'a pas été persuadé qu'elles ayent en elles rien de vrai ?

Quant à ce qu'ajoûte Sextus, que quelques-uns ont cru qu'Arcesilas traitoit les matieres selon la méthode des Phyrrhoniens, lorsqu'il instruisoit ses jeunes Disciples, qui n'avoient pas encore pris la teinture de sa Doctrine,

trine, pour connoître la portée de leur Esprit; & que lorsqu'il les trouvoit ingenieux & subtils, il leur enseignoit la Doctrine de Platon, affirmativement & à la maniere des Dogmatiques, Sextus ne dissimule pas qu'il ne rapporte cela d'Arcesilas que sur des bruit incertains. Mais après tout, quand cela seroit vrai, il ne faudroit pas juger du mérite d'une Doctrine, sur l'inconstance & la légéreté du Docteur.

38. Le dernier décord, qui se trouve entre les Academiciens & les Sceptiques, nous est proposé par Aulugelle (a), Auteur qui tient bien plus du Grammairien que du Philosophe. Il consiste en ce que les uns & les autres demeurans d'accord que l'homme ne peut rien comprendre & ne peut rien décider, les Academiciens ont de cela même *comme une compréhension*, & en font *comme une décision*; au lieu que les Pyrrhoniens disent que cela même ne leur paroît aucunement vrai, parceque rien ne paroît vrai.

Septiéme différend.

Pre-

(a) *A. Gell.* Libr. II. cap. 5.

Premierement, je sçai ce que c'est que comprendre, & que décider; mais je ne sçai ce que c'est que *comme comprendre*, & *comme décider*. Car si *comme comprendre* est comprendre, qu'étoit-il besoin d'obscurcir la signification du mot de *comprendre*, qui est si claire, en ajoûtant le mot de *comme*? Et d'ailleurs, dira-t-on que les Academiciens comprennent quelque chose, eux qui font profession de ne rien sçavoir, & de ne sçavoir pas même s'ils ne sçavent rien? Comment Arcesilas a-t'il pensé pouvoir comprendre quelque chose, lui qui ne permet pas même d'avoir des opinions?

Que si *comme comprendre* c'est ne point comprendre, il n'y a plus de différence entre les Academiciens & les Pyrrhoniens, puisqu'ils disent les uns & les autres qu'ils ne comprennent rien, & qu'ils ne comprennent pas même qu'ils ne comprennent rien. Que si *comme comprendre* une chose, est sembler à l'Esprit qu'une chose est ainsi, comme si lorsque quelqu'un dit qu'il *comme comprend* qu'une chose est vraye, il vouloit

loit dire qu'il lui ſemble que cette choſe eſt vraye, & partant qu'Aulugelle prétend qu'il ſemble aux Academiciens qu'ils ne comprennent rien, & qu'il ne ſemble pas aux Pyrrhoniens qu'ils ne comprennent rien ; c'eſt le troiſiéme différend que nous avons rapporté ci-deſſus après Sextus Empiricus, & dont nous avons fait voir la nullité.

Mais ſi *comme comprendre*, eſt comme vouloit Carneade, comprendre ; mais non ſans quelque ſujet de douter, ce qu'il accordoit à l'Eſprit Humain ; c'eſt abuſer du mot de *comprendre* ; car cette compréhenſion eſt une veritable opinion. Puiſque ces différends des Sceptiques & des Academiciens ſont donc nuls, ou très-légers, c'eſt avec raiſon que Sextus très-intelligent dans la matiere, & qui les a ramaſſez, trouve une très-grande convenance entre la Doctrine de Pyrrhon & celle d'Arceſilas, enſorte qu'elles peuvent paſſer pour une même Secte. Seneque (*a*) même a écrit qu'elles roulent l'une & l'autre

(*a*) *Senec.* Epiſt. 89.

l'autre ſur le même principe, de ne rien ſçavoir : & Aulugelle (*a*) enfin nous apprend que les Diſciples de Pyrrhon, & ceux d'Arceſilas, étoient connus ſous un même nom de Sceptiques, & d'Ephectiques, & d'Aporetiques ; & c'eſt pour cette raiſon, qu'Arceſilas, comme je l'ai déjà dit, fut mis au nombre des Sceptiques.

Pourquoi les Philoſophes, qui [illegible] font [illegible] ſion de douter, aiment mieux paſſer pour Academiciens que pour Pyrrhoniens.

39. Pour moi, après avoir ſi bien reconnu que la Secte des Academiciens, & celle des Pyrrhoniens eſt la même Secte, je me ſuis ſouvent étonné pourquoi les Philoſophes qui l'ont embraſſée, ont mieux aimé être appellez Academiciens que Pyrrhoniens : comme ſi le nom de Pyrrhoniens leur fût honteux, & que celui d'Academiciens leur fût honorable. En cherchant les raiſons de cette préférence, deux m'ont paru aſſez vraiſemblables ; l'une eſt que fort peu de Philoſopes ſont ſortis de l'Ecole de Pyrrhon, qui ayent eu quelque réputation ; au lieu que l'Academie a donné beaucoup d'excellens hommes, auſquels

(*a*) *A. Gell.* Libr. II. cap. 1.

ausquels il est glorieux de se voir associé ; l'autre est, que l'on a ridiculisé Pyrrhon & les Phyrroniens, comme s'ils avoient réduit la vie des hommes à une entiere inaction, & que ceux qui se diront Pyrrhoniens tomberont nécessairement dans le même ridicule.

Il est faux que la Secte des Sceptiques ou Pyrrhoniens, ait été interrompue après Timon.

40. Mais reprenons la liste de ceux qui se sont davantage signalez dans cet art de douter. Diogene de Laërte, sur l'autorité d'Hippobotus & de Sotion, nous a donné la suite de cette liste jusqu'à Saturninus Cythenas, Disciple de Sextus Empiricus, dont nous avons les Ouvrages. Elle nous fait connoître que Menodotus s'est trompé, lorsqu'il a écrit que Timon, Disciple de Pyrrhon, n'eut aucun Successeur, & qu'alors cette Secte fut entierement éteinte, jusqu'au tems de Ptolemée de Cyr, qui la rétablit, & après lequel elle se maintint par une succession continuë jusqu'à Sextus : Car ce Ptolemée fut Disciple d'Eubulus, Eubulus le fut d'Euphranor, Euphranor de Timon, sous lequel il eut beaucoup de compagnons d'étude.

Tous ces gens-là néanmoins ayant eu peu de réputation, il ne faut pas s'étonner si Ciceron a dit en tant d'endroits, que la Secte de Pyrrhon avoit été rejettée & anéantie long-tems avant lui ; & si Seneque (a) s'en plaint dans ses Questions naturelles. C'est pour cela même qu'Aristocles a écrit, au rapport d'Eusebe (b), que les Pyrrhoniens abandonnez & confondus, étoient demeurez muets, comme s'ils n'avoient jamais été, jusqu'au tems d'Ænesideme qui renouvella & ressuscita leur Secte à Alexandrie.

Timon de Phlius.

41. Nous ne parlerons ici que de quelques-uns des plus célébres, pour ne pas employer le tems inutilement ; & principalement de Timon de Phlius, qui tourna en ridicule la hardiesse des Dogmatiques, par des vers moqueurs, que l'on appelle Silles. Il enseignoit que quiconque aspiroit à être heureux, devoit tenir toutes choses pour incertaines & indifférentes ; que les Sens & les opinions ne nous

(a) *Senec. Nat. Quæst.* Libr. VII. cap. 32.
(b) *Euseb. Præp. Evang.* Libr. XIV. cap. 18.

nous apprennent point ce qui est vrai, ni ce qui est faux; qu'ainsi nous ne devions incliner notre Esprit, ni d'un côté ni d'autre; qu'il ne falloit rien assurer; mais que de quelque chose que l'on parlât, il ne falloit pas plûtôt dire qu'elle est, que de dire qu'elle n'est pas; & que quiconque demeureroit dans cette disposition, ne seroit exposé à aucun trouble d'Esprit, ni à aucune inquiétude.

Nausiphane de Teos.

42. On met aussi Nausiphane de Teos au nombre des Disciples de Pyrrhon. Seneque (a) témoigne qu'il disoit comme Timon, que de toutes les choses qui nous paroissent, nous ne devons penser qu'aucune soit plûtôt, qu'elle ne soit pas. Seneque ajoûte qu'il disoit de-plus, que cela seul est certain, qu'il n'y a rien de certain. En quoi je ne croirois pas Seneque quand il me le jureroit; car pour parler ainsi, il eût fallu que Nausiphane eût repassé dans l'ancienne Academie, après avoir abandonné l'Ecole de Pyrrhon, qui a enseigné fort constamment, qu'il n'y a rien de certain.

(a) *Senec. Epist.* 89.

certain. Timon & Nausiphane furent Sectateurs de Pyrrhon, & Epicure le fut de Nausiphane.

Theodose de Bithynie. 43. Theodose de Bithynie, ou de Tripoli, suivit le même parti. C'étoit un fort bel Esprit, & qui a appuyé cette Secte par d'excellens Ouvrages.

Ænesideme de Cnossus. 44. La même Ecole produisit encore Ænesideme de Cnosse. Il releva & enrichit à Alexandrie d'Egypte cette Secte, qui commençoit à décheoir.

Ptolemée d'Alexandrie. 45. Quelques-uns ont joint à cette liste Ptolemée l'Astronome, qui a soûtenu que l'accès des Sciences étoit interdit à l'Esprit Humain, ou à cause de la Foiblesse de l'Esprit, ou à cause de l'obscurité des choses.

Cornelius Celsus. Favorin. 46. 47. Cornelius Celsus fit chez les Romains ce qu'Ænesideme avoit fait chez les Alexandrins. Favorin fit la même chose; car s'étant déclaré Sceptique, il exposa par des Ouvrages exquis les dix modes des Pyrrhoniens, & soûtint qu'il n'y avoit en nous aucune faculté, par le moyen de laquelle nous puissions rien comprendre.

48. Mais

48. Mais le tems ayant consumé tous ces travaux Sextus Empiricus a réparé cette perte par les siens, & par son excellent Livre des Hypotyposes, où la forme & la constitution de sa Philosophie est exactement exposée ; & par ses Dissertations contre les Dogmatiques, qui mettent dans un beau jour la vanité, & l'incertitude des Sciences que l'on estime les plus certaines.

Sçavoir si Sextus Empiricus est le même que Sextus de Chæronée.

49. Plusieurs ont cru que Sextus Empiricus étoit le même que Sextus de Chæronée, fils de la sœur de Plutarque, l'un des Précepteurs de l'Empereur Marc-Aurele. Ils ont vêcu en même-tems, ils ont porté le même nom, ils ont été Philosophes, & ils ont eu l'un & l'autre un Précepteur nommé Herodote. Suidas, Auteur frivole, ne détruit pas cette opinion, lorsqu'il dit que l'un étoit de Chæronée, & l'autre de Lybie. On peut avoir dit qu'il étoit de Lybie, à cause du long séjour qu'il a fait à Cyrene, Ville de Lybie ; comme cet illustre Pomponius fut surnommé Atticus, quoiqu'il fût Romain, pour avoir long-tems demeuré à Athenes.

L'objection que l'on tire de cet Herodote leur Précepteur, n'est pas plus concluante ; car on dit qu'Herodote, Précepteur de Sextus de Chæronée, étoit de Philadelphie, & ainsi différent d'Herodote, Précepteur de Sextus de Libye, qui étoit de Tarse. Philadelphie & Tarse sont deux Villes de Cilicie, assez proches l'une de l'autre, & qui à cause de leur voisinage peuvent bien avoir été confonduës.

On objecte de-plus, que Sextus de Chæronée fut Stoïcien, & que Sextus de Libye fut Pyrrhonien ; car Capitolin dit que Mar-Aurele fut Disciple de *Sextus de Chæronée, neveu de Plutarque, de Junius Rusticus, de Claudius Maximus, & de Cinna Catulus, Stoïciens*. Mais cette objection est nulle ; car les termes de ce passage, de la maniere dont il est conçu, peuvent bien signifier que les trois derniers étoient Stoïciens, comme ils l'étoient en effet ; mais non pas Sextus ; car Suidas nous apprend que l'un & l'autre Sextus fut Pyrrhonien.

Ils insistent encore sur ce que Sextus le Pyrrhonien, fut surnommé Empiricus, & non pas Sextus de Chæronée.

Chæronée. Mais qui ne sçait que l'on obmet souvent ces surnoms ? Comme dans ces passages de Suidas, & dans l'Isagoge qui est attribuée à Galien, où l'on n'ajoûte aucun surnom au nom de Sextus. Casaubon (a) ajoûte que l'Empereur Marc-Aurele a écrit, qu'il avoit appris de Sextus la methode de trouver, de comprendre, & de mettre par ordre les Dogmes qui sont nécessaires à la vie ; ce qui ne peut convenir à Sextus Empiricus, qui enseignoit que l'on ne pouvoit rien comprendre, & rejettoit toutes sortes de Dogmes.

Mais il y a apparence que ces Dogmes nécessaires à la vie, étoient de certaines Régles utiles pour la conduite de la vie ; mais non pas des principes tendans à la recherche de la Verité. Car telle est la Doctrine des Sceptiques, qu'il faut suspendre son consentement & sa créance, lorsqu'on cherche la Verité ; mais que dans l'usage de la vie il faut suivre les apparences. C'estpourquoi je croi que cet Empereur a ainsi parlé de Sextus,

(a) *Casaub. in Capitol. Vit. Marc. Imp.*

Sextus, à dessein de faire connoître, qu'encore qu'il fût Sceptique en sa doctrine, il étoit Dogmatique en ses mœurs.

La preuve dont se sert Saumaise, pour faire voir que ces deux Sextus ont été différens, n'est pas plus forte que les précédentes. Il la tire de ce que Sextus de Chæronée fut contemporain de Galien, & que Sextus Empiricus fut plus ancien que lui; étant mis par lui dans son Isagoge au nombre des Empiriques: Comme si pour être cité par Galien, il étoit nécessaire qu'il eût précedé l'âge de Galien, & comme si nous ne citions pas souvent nos contemporains. Mais sans nous servir de cette exception, il suffit de dire que cette Isagoge semble être l'ouvrage d'un autre Auteur que de Galien. Cependant je ne veux rien assurer ici, ni m'écarter si-tôt de la loi que j'établis de douter de toutes choses. Je laisse à chacun la liberté de son jugement.

Grande affinité de la Secte Sceptique, de la Secte Empirique.

50. Au reste, ce Sextus dont nous parlons, avoit joint la profession de la Philosophie Sceptique, avec celle de cette Secte de Medecine, qui s'attache à

à l'experience, & pour cette raison est appellée Empirique, dont Acron d'Agrigente, & Philinus de Cos ont été les Auteurs. Menodote de Nicomedi, Saturninus Cythenas, & ce Marcellus, qui pour cacher son attachement à la doctrine Sceptique, voulut être appellé Empirique; ces trois, dis-je, joignirent, comme Sextus, la doctrine Sceptique à la Medecine Empirique. *& de la Secte Methodique.*

Néanmoins ce même Sextus (*a*) soûtient, que cette Secte de Medecine que l'on appelle Methodique, & dont Themison fut l'inventeur, approche davantage de la doctrine Sceptique, que la Secte Empirique, au cas que cette Empirique affirme que les choses incertaines ne peuvent être comprises: car la doctrine Sceptique défend de rien affirmer. D'où il s'ensuit, qu'à cette affirmation près, nous trouverons un très-grand raport entre la Sceptique & l'Empirique, tel que Sextus l'a trouvé entre la Sceptique & la Methodique. D'autant plus que

(a) *Sext. Emp. Hypot.* Libr. I. cap. 34.

que nous lisons dans Celse (*a*) que l'Empirique enseignoit comme la Sceptique, que la nature est incompréhensible, & que rien ne peut être compris; (ce qui paroît par les contestations de ceux qui ont traité de ces matieres) que la Medecine dépend uniquement de l'usage & de l'experience, sans que le raisonnement y ait aucune part.

Le même Sextus soûtient en d'autres endroits, non seulement que les Pyrrhoniens ne sont pas ignorans, comme on le croit; mais qu'ils surpassoient le reste des Philosophes en usage & experience des choses; c'est-à-dire, qu'ils possedoient la doctrine Empirique, comme la signification du nom semble le montrer; & que les Empiriques rejettoient toute sorte de raisonnement, ce qui est purement Sceptique, pourvû que l'on n'y mêle aucune affirmation.

Lucien. 51. Lucien de Samosate fut contemporain de ceux dont je viens de parler. Photius (*b*) le met au nombre

(*a*) *Cornel. Cels. De Re Medic.* Procem. Libr. I.
(*b*) *Phot. Tom.* 128.

bre de ceux, dont le sentiment étoit qu'il ne falloit adhérer à aucun sentiment.

52. Uranius fit profession ouverte d'être Sceptique. Il vécut du tems de Justinien, & Chosroës Roi de Perse, amateur de la Philosophie, lui fit de grands honneurs, le combla de présens, lui écrivit des Lettres pleines de marques de son estime & de sa faveur, & voulut être enseigné par lui. Il y a donc sujet de s'étonner, qu'un Roi, qui n'étoit pas dupe & grossier, ait eu tant d'estime pour un aussi ignorant & mal-habile homme que nous le représente Agathias (*a*). Si ce qu'il en dit est vrai, il faut que la Secte Sceptique, qu'il suivoit, ait plu par elle-même à ces Barbares, même dans un homme qui en étoit peut instruit, & qui d'ailleurs étoit couvert de vices & d'infamie. Il y eut bien d'autres Philosophes attachez à la même Secte, dont je laisse la recherche aux gens studieux. *Uranius.*

53. Après

(*a*) *Agath.* Libr. II.

Et encore du nombre des Dogmatiques, Porphyre.

53. Après avoir parcouru les Sectes des Philosophes, qui veulent qu'on doute de tout, & qui défendent de rien affirmer, retournons maintenant aux Dogmatiques ; & sans parler des Stoïciens, qui prostituant leur créance jusqu'aux contes de vieilles, défendoient néanmoins à leurs Sectateurs la précipitation des jugemens, & donnoient un nom convenable à cette précaution, & l'appelloient *Aproptosie*, & la leur recommandoient soigneusement ; nous allons recevoir des autres une confession bien expresse de leur ignorance, & principalement de Porphyre, qui fut sans contredit un très-grand personnage, si l'on en retranche son extrême aversion pour le Christianisme. Il a reconnu ouvertement dans son Livre de l'Ame, qu'il a addressé à Boëthus, qu'il n'y a rien de certain dans la Philosophie, & que toutes choses sont douteuses.

Aristippe.

54. Aristippe, Auteur de la Secte Cyrenaïque, qui fut bien plus ancien que Porphyre, & après lui Ariston de Chio, enseignerent que la Physique est incomprehensible, & est au-dessus

dessus de nous ; que nous n'avons aucun intérêt à la Logique, mais seulement à la Morale, & non pas même toute la Morale ; mais seulement à cette partie qui traite des vertus & des vices, voulant que l'on préférât les vertus aux vices, & qu'on tînt le reste pour indifférent, jusqu'à la santé même qu'il ne croyoit pas devoir être préférée à la maladie. En toutes les choses de cette nature il ne permettoit pas que l'on usât de choix & de préférence.

55. Herillus de Carthage tenoit pareillement toutes choses indifférentes, & défendoit de préférer les unes aux autres ; exceptant seulement la science, en quoi il faisoit consister le souverain bien. *Herillus de Carthage.*

56. Menedeme d'Eretrie, disciple de Platon, ne s'attacha à aucun Dogme. *Menedeme d'Eretrie.*

57. C'est de lui, & de Phedon qui l'a précedé, qu'est venue la Secte des Eliaques, ou Eretriques. C'est d'eux, & des Megariques, qui suivent la doctrine d'Euclide de Megagare, & qui ont été nommez Eristiques ou Dialectiques : c'est d'eux, dis- *Les Philosophes Eretriques, & les Megariques.*

dis-je, que Seneque (*a*) a écrit en ces termes : *C'est à-peu-près la même matiere, qui fait l'occupation des Pyrrhoniens, & des Megariques, & des Eretriques, & des Academiciens, qui sont auteurs d'une nouvelle science qui consiste à ne rien savoir.* Et Ciceron (*b*) met au nombre des Professeurs de cette science, Stilpon, Diodore, & Alexinus.

Monime le Cynique.

58. Monime le Cynique, disoit comme Anaxarque, que toutes choses dépendoient des opinions, & étoient semblables à une peinture, & ne differoient en rien des visions des foux, ou de ceux qui dorment ; & qu'il n'y a nulle Regle de Vérité.

Parmi les Nations étrangeres, les Mages.

59. Si nous passons aux Nations étrangeres, nous en trouverons plusieurs dans ce même sentiment, qu'il faut suspendre son jugement & sa créance. Diogene (*c*) de Laërte rapporte qu'Anaxarque & Pyrrhon apprirent des Mages & des Gymnosophistes des Indes, cette excellente methode

(*a*) *Senec.* Epist. 89.
(*b*) *Cicer.* Libr. IV. *Acad.*
(*c*) *Diog. Laërt. in Pyrrhon.*

thode de philosopher, qui défend de croire que rien puisse être compris, & de donner sur rien son consentement & sa créance.

60. Les Brachmanes, selon le témoignage de Strabon (a) & de Megasthene, soûtenoient qu'il n'y a rien de bon ni de mauvais; parceque ce qui semble bon à l'un, semble mauvais à l'autre. Ce que je viens de dire fait voir que la Philosophie Sceptique a pénétré jusqu'aux extrêmitez de l'Orient.

Les Brachmanes.

61. Il se trouve parmi les Turcs une Secte de Philosophes, qu'ils appellent *Hairetis*, comme qui diroit *Les Etonnez*. Ils font profession de douter de toutes choses; ils n'affirment jamais rien, parcequ'ils ne croyent pas qu'on puisse discerner le vrai du faux; tout est probable, selon eux, rien de certain; ils obéissent aux loix: mais ils sont trop Sceptiques, en ce qu'ils font passer leur methode de douter jusques dans l'usage commun de la vie.

Certains Philosophes Turcs, qu'on nomme les Etonnez.

62. Quel-

(a) *Strab.* Libr. XV.

Parmi les Juifs, les Esséniens. 62. Quelques-uns des Juifs ont aussi retenu cet art de douter. Philon raporte, que les Esséniens tenoient pour maxime, que la Logique n'est point nécessaire pour acquerir la vertu ; que la Physique est au-dessus de la portée de la nature humaine ; & qu'il ne faut s'appliquer qu'à la Théologie, en ce qui concerne Dieu & la création du monde. Ce qui a beaucoup de raport avec la doctrine d'Ariston de Chio.

Et les Seboréens. 63. Les Seboréens, Philosophes de la même Nation Juive, c'est-à-dire, les *Opinateurs*, (car c'est ce que leur nom signifie) ont pratiqué la methode Sceptique, en traitant les matieres Théologiques. C'étoit ainsi qu'ils examinoient la doctrine du Thalmud, disputans pour & contre sans rien affirmer.

R. Moses fils de Maimon. 64. Le Rabbin Moïse, fils de Maimon, qui ayant dégagé son Esprit des fadaises des Rabbins, s'étoit rempli d'une doctrine bien plus solide, a dit (a) que la capacité de l'Esprit humain

(a) *Maimonid. De Idolol.* cap. II. §. 4. 5. 6.

humain est si bornée, que tout ce qu'il y a d'hommes au monde ne peut parvenir à la connoissance de la Vérité; que pour cette raison il faut nous défaire de toutes les pensées qui peuvent nous détourner du service de Dieu & de la pratique de sa loi; que si on s'arrête à ces pensées, le culte légitime de Dieu sera anéanti, & que c'est ce que Moïse entendoit, lorsqu'il disoit aux Juifs: (a) *Ne vous appliquez point à rechercher après vôtre cœur & après vos yeux, après lesquels vous avez coûtume de rechercher*; c'est-à-dire, ne vous laissez point conduire par vôtre Esprit, qui est si foible & si borné, & n'esperez pas pouvoir acquerir la connoissance de la Vérité.

65. Les Arabes ont eu aussi leurs Sceptiques. Les Juifs les appellent, *Medabberim*, c'est-à-dire, *Discoureurs*, ou plûtôt *Logiciens*, dont Averroës, & Moïse fils de Maimon font souvent mention, & quelquefois même d'autres Rabbins. On pourroit les

Et parmi les Arabes, les Discoureurs.

(a) Num. XV. 39.

les nommer avec justice, les Théologiens Scholastiques des Arabes. Ayant appris l'art de douter des anciens Grecs & des Syriens, ils ont eu des disputes continuelles avec les Dogmatiques, refusans toute créance aux Sens & à l'Entendement; tenans pour constante & principale Regle, qu'on ne peut rien savoir. Desorte qu'ils rejettoient comme vaines & trompeuses, toutes ces Démonstrations Geometriques, qui passent pour très-certaines. Et ce qui fait principalement à notre sujet, les Chefs de ceux qui ont premierement reçu cette doctrine, s'y porterent principalement, parce qu'elle étoit fort propre à captiver les Esprits à l'obéïssance de la Religion & de la Foi.

CHAPITRE XV.

1. On conclut de tout ce qui a été dit ci-dessus, qu'il faut douter, & que c'est le seul moyen d'éviter les erreurs. 2. La hardiesse des Dogmatiques a produit une infinité d'erreurs. 3. Les Academiciens & les Sceptiques, n'affirmant rien, ne peuvent se tromper, & ils sont les seuls qui méritent le nom de Philosophes.

1. IL faut donc demeurer d'accord que toute la Philosophie, & sacrée, & profane, & non seulement ceux qui font profession de douter; mais même les Dogmatiques, veulent que l'on doute, que l'on suspende son jugement, & que l'on ne donne point sa créance légerement : Car ils voyent bien qu'on ne peut corriger, ni éviter les erreurs, qu'en se défaisant de toutes les opinions dont on étoit prévenu, par un doute général & constant. C'est par-là que Des Cartes a commencé les Principes de

On conclut de tout ce qui a été dit ci-dessus, qu'il faut douter, & que c'est le seul moyen d'éviter les erreurs.

sa Philosophie, persuadé que par cette précaution on coupe la racine des erreurs, & que l'on travaille plus surement à la recherche de la Verité. Mais ce même homme, qui par une sage prévoyance s'étoit soumis à cette loi de douter, l'a rejettée dans la suite, comme si elle n'avoit dû lui servir que pour rejetter les opinions des autres Philosophes, & qu'elle fût devenuë inutile pour examiner ou pour rejetter les siennes. Desorte que par une témerité pareille à celle des autres Dogmatiques, il a commis la même faute qu'il avoit reprise dans les autres.

La hardiesse des Dogmatiques a produit une infinité d'erreurs.

2. Or comme un homme qui voudroit aller à une Ville située au Levant, si ne sachant point le chemin il va vers le Couchant, il s'égarera moins en s'arrêtant dans un carrefour, que s'il continuë son chemin en suivant un des divers chemins qui se présentent à lui. De même l'Entendement humain, attaché à la terre, & enveloppé dans un corps terrestre, reconnoissant que par cet obstacle le chemin de la Verité lui est bouché, il évitera bien plus surement les chû-

tes

tes & les erreurs, s'il demeure dans son ignorance, & dans le doute qui accompagne l'ignorance; que si par de vaines tantatives il veut franchir les obstacles, & qu'au lieu de Junon il n'embrasse qu'une nuë, c'est en cela que consiste la différence entre les Dogmatiques & les Sceptiques; car quelles opinions monstrueuses n'a point produit la témerité des Dogmatiques, desquels Ciceron & Varron, excellens hommes, & fort instruits de toutes les Sectes de la Philosophie, ont écrit, comme je l'ai déjà remarqué, qu'on ne peut rien dire de si absurde, & qu'un malade ne peut concevoir de si étrangers rêveries, qui n'ait été avancé par quelqu'un des Philosophes.

Les Academiciens & les Sceptiques, n'affirmant rien, ne peuvent se tromper, & ils sont les seuls qui méritent le nom de Philosophes.

3. Mais pour les Academiciens & les Sceptiques, quelle absurdité, & impertinence de Dogmes peut-on leur reprocher, puisqu'ils ne soûtiennent aucun Dogme? Véritablement ils sont les seuls qui méritent le nom de Philosophes, si nous nous attachons à la véritable signification de ce nom: Car la Philosophie, selon la signification du mot, n'étant autre chose que

l'étude de la Sagesse & de la Verité; & la Sagesse, selon la définition des anciens Philosophes, étant la science des choses divines & humaines, & des causes qci dépendent de ces choses; ceux qui s'appliquent à l'étude de la Sagesse, méritent véritablement le nom de Philosophes; & ceux qui ont acquis la science des choses Divines & humaines, c'est-à-dire, la Sagesse, sont veritablement sages. Or c'est cette science que les Dogmatiques se vantent d'avoir acquise, & ils souffroient même autrefois qu'on les qualifiât du nom de sages: nom que Pythagore rejetta le premier, étant convaincu de son ignorance, & consentir seulement d'être appellé Amateur de la Sagesse.

Car comme a fort bien dit le Poëte Æschyle, (a) *Sçavoir par conjecture est autre chose que sçavoir clairement.* Cela convient proprement aux Academiciens, qui reconnoissent que non seulement ils ne savent rien; mais même qu'ils ne peuvent rien sçavoir des

(a) *Æsch. Agamemn.*

des choſes divines & humaines, & qu'ils ne font que les conſiderer de loin. Que les Dogmatiques ſe parent donc du nom de ſages, tant qu'ils voudront, puiſqu'ils croyent pouvoir ſe donner cette licence, & qu'ils s'imaginent avoir acquis cette ſcience en quoi conſiſte la Sageſſe; les Academiciens & les Sceptiques ſe contenteront du titre ſimple & modeſte de Philoſophes, puiſqu'ils aiment & reſpectent la Sageſſe, qui ſurpaſſe de ſi loin leur capacité. Quoique cependant Lactance (*a*) en parlant d'eux, ait dit véritablement, que ceux qui ſe ſont connus en partie, ont été plus ſages que ceux qui ont cru être ſages.

(a) *Lactant.* Libr. IV. cap. 1.

Fin du Livre premier.

LIVRE SECOND.

On explique exactement quelle est la plus sure, & la plus légitime voye de Philosopher.

CHAP.

CHAPITRE PREMIER.

L'Homme est naturellement dépourvu des moyens nécessaires pour connoître très-clairement & très-certainement la Verité; laquelle encore qu'il puisse connoître en quelque sorte, il ne peut néanmoins la connoître très-clairement & très-certainement.

APrès que notre Provençal eût ainsi parlé, comme il se préparoit à continuer son discours: Veritablement, lui dis-je, je n'ai jamais goûté cette hardie & imperieuse méthode de Philosopher, qui s'attache si opiniâtrément à ses pensées & à ses opinions; & il m'a paru que c'étoit un chemin bien plus court & bien plus droit pour parvenir à la Verité, de garder quelque modération dans ses sentimens, & quelque modestie dans ses discours; & de ne soûtenir jamais aucun Dogme, quelque vraisemblable qu'il soit, avec tant de prévention & d'entêtement, qu'on qu'on ne soit toûjours prêt d'écouter les objections, & même, s'il le faut, de changer d'avis. Mais d'un autre côté, il me semble que l'instabilité de la Doctrine des Academiciens, bien plus prêts à dire ce qu'ils ne pensent point que ce qu'ils pensent, jette beaucoup de trouble & de confusion en toutes choses, & anéantit toute sorte de science; puisque l'on n'est pas assuré de sçavoir ce que l'on sçait le mieux, que si on ne le sçavoit point du tout.

C'estpourquoi vous me ferez plaisir de m'apprendre jusqu'à quel point vous voulez que l'on doute. Car si l'on doute toûjours; si tout est obscur, caché, incertain; si tous les chemins de la Verité sont bouchez, il n'y a plus de Philosophie, & toutes les peines que nous prenons depuis tant d'années pour parvenir à la connoissance de la Verité, sont entierement inutiles. Voici ce qu'il me répondit.

Cette plainte que vous faites contre les Academiciens n'est pas nouvelle, & si elle étoit juste, elle ne regarderoit pas tant les Academiciens, que la nature même. Car est-ce la faute de l'Academie, si l'homme de sa nature est fait de telle sorte, qu'il ne puisse pas par lui-même parvenir à la connoissance de la Verité ? L'Academie n'en est pas plus responsable, que de ce que l'homme ne peut voler, & de ce qu'il n'est pas immortel. Veritablement nous ne voyons pas que les Academiciens & les Sceptiques ayent moins profité de l'étude qu'ils ont faite de la Sagesse, & en ayent tiré de moindres secours pour devenir plus sages & plus savans que les Dogmatiques. Mais c'est dequoi nous parlerons dans la suite. Quant à présent, puisque vous voulez que je je vous expose jusqu'où je porte cette Loi de douter, je veux bien vous expliquer mon sentiment touchant cette premiere Philosophie, ou plûtôt cette racine de la Philosophie ; car nous sommes seuls, & je puis vous parler avec liberté, & je ne veux pas, & je ne dois pas vouloir que cela se répande parmi le Vulgaire.

Quand je dis le Vulgaire, je n'entens pas le petit Peuple qui vit du travail de ses mains ; mais j'entens le

Vulgaire

Vulgaire des gens de Lettres, qui ont coûtume de regarder les Sceptiques & les Academiciens comme des insensez. Cette considération ne m'a pourtant pas rebuté de leur Secte, dont je vous expliquerai tout le Systême, ou plûtôt le mien propre ; car je veux bien que vous sachiez, qu'en matiere de Philosophie je veux être libre, je veux suivre mes propres sentimens, & n'être point d'autre Secte que de la mienne.

Premierement, je croi qu'il paroît assez par toutes les raisons que je vous ai rapportées, que la nature de l'homme est telle, qu'il ne peut connoître très-clairement & très-certainement la Verité par sa propre force. Je ne nie pas que la Verité ne se trouve dans les choses mêmes, j'entens cette Verité que l'on appelle *d'existence* ; car Dieu connoît les choses telles qu'elles sont. Mais il y a un empêchement dans l'homme, qui fait qu'il ne les peut connoître, & cet empêchement consiste dans le défaut des moyens propres & nécessaires pour connoître parfaitement la Verité.

Je ne dis pas que l'homme ne puisse avoir aucune connoissance de la

Verité ; je dis seulement qu'il ne peut la connoître à fond, clairement, & avec une entiere certitude, à laquelle rien ne manque pour être parfaite, dont j'ai déjà parlé, & dont je parlerai encore. Car il se peut faire que quelqu'un ait une Idée empreinte dans l'Esprit, qui sera semblable à un objet extérieur : je ne dis pas semblable d'une ressemblance parfaite, propre, & absoluë, qui ne peut se rencontrer qu'entre des choses de même genre, comme entre un homme & un homme, entre un arbre & un arbre ; mais je parle d'une ressemblance imparfaite, telle qu'elle peut se rencontrer entre l'original & la copie.

Mais lorsque l'Entendement en veuë de cette Idée, forme un jugement de l'objet extérieur d'où cette Idée est partie, il ne peut pas sçavoir très-certainement & très-clairement si ce jugement convient avec l'objet extérieur ; & c'est dans cette convenance que consiste la Verité, comme je l'ai dit. Desorte qu'encore qu'il connoisse la Verité, il ne sçait pas qu'il la connoît, & il ne peut être assuré de l'avoir connuë ;

&

& partant il ne connoît pas parfaitement la Verité. Quand je dis donc que l'homme ne peut connoître les choſes, ni la Verité des choſes, j'entens une claire & certaine connoiſſance par laquelle non ſeulement on connoît la Verité, mais on ſçait encore très-certainement que l'on connoît la Verité. Car de connoître la Verité, ſans ſavoir que vous connoiſſez la Verité, c'eſt comme ſi vous ne la connoiſſiez pas.

J'ai donné ci-deſſus des preuves, qui d'ailleurs ſont aſſez évidentes, pour faire voir que l'homme ne peut ſavoir, ſi le jugement qu'il forme en veuë de cette Idée, qui eſt empreinte dans ſon Eſprit, convient avec l'objet exterieur d'où cette Idée eſt provenue. La principale de ces preuves eſt, que nous ne pouvons appliquer les Idées des choſes, & les jugemens que l'Entendement forme en veuë de ces Idées, aux choſes mêmes, pour examiner & reconnoître la convenance de ces jugemens avec les objets exterieurs; dans laquelle convenance nous avons dit que conſiſte la Verité. Car les eſpeces, ou images

images des choses, ne viennent point immediatement des choses dans notre Entendement ; mais elles passent par plusieurs milieux, comme je l'ai fait voir, & par nos Sens qui les corrompent & les alterent ; & il n'y a point d'autre voye, par où les Idées des choses puissent parvenir à notre Esprit.

CHAPITRE II.

La Foi suplée au défaut de la Raison, & rend très-certaines les choses qui étoient moins certaines par la Raison.

MAis Dieu par sa bonté répare ce défaut de la nature humaine, en nous accordant ce don inestimable de la Foi, qui confirme la Raison chancellante, & corrige cet embarras des doutes qu'il faut apporter à la connoissance des choses. Car, par exemple, ma Raison ne pouvant me faire connoître avec une entiere évidence, & une parfaite certitude, s'il y a des corps, quelle est l'origine du monde,

monde, & plusieurs autres choses pareilles, après que j'ai reçu la Foi; tous ces doutes s'évanouissent, comme les spectres au lever du Soleil. C'est ce qui a fait dire à St. Thomas: (a) *Il est nécessaire à l'homme de recevoir comme par maniere d'articles de Foi, non seulement les choses qui sont au-dessus de la Raison; mais même les chos.s qui peuvent être connues par la Raison, à cause de la certitude. Car la Raison humaine est fort defectueuse dans les choses divines: en signe de quoi l'on voit que les Philosophes, dans la recherche qu'ils ont faite des choses humaines par les voyes naturelles, se sont trompez en plusieurs Chefs, & se sont trouvez opposez les uns aux autres. Afin donc que les hommes eussent une connoissance certaine & indubitable de Dieu, il a fallu que les choses divines leur fussent enseignées comme par Foi, & comme ayant été enseignées de Dieu même qui ne peut mentir.*

Il

(a) *Thom.* 2. 2. Q. 2. A. 4.

Il semble que cela ait été pris de ce passage de Saint Augustin, que j'ai déja raporté, mais qui mérite de l'être encore, pour son importance, & pour le raport qu'il a au sujet présent : (a) *Parceque l'Entendement des hommes obscurci par l'habitude des tenebres, dont ils sont couverts dans la nuit du peché, ne peut regarder fixement la clarté & la sainteté de la Raison ; ç'a été un établissement fort salutaire, que de laisser conduire par l'autorité, vers la lumiere de la Verité, notre veuë chancellante & ouverte des rameaux de l'humanité.*

Puis Saint Thomas ajoûte ensuite : *La recherche qui se fait par la Raison naturelle, ne suffit pas aux hommes pour connoître les choses divines, & même celles que l'on peut prouver par la Raison.* Et dans un autre lieu il parle ainsi. (b) *Les choses qui se peuvent prouver démonstrativement, comme l'existence de Dieu, l'unité de Dieu, & autres choses semblables,* sont

(a) *Augustin. De morib. Eccles. Cathol.* cap. 2.
(b) Thom. 2. 2. Q. 2. A. 4.

sont mises au nombre des choses qu'il faut croire, parcequ'on les exige d'avance, comme devant précéder les choses qui sont de Foi : & il faut que ces choses soient du moins présupposées par ceux qui n'en ont pas la démonstration.

Ce que Saint Thomas dit de la connoissance des choses divines, s'étend aussi à la connoissance des choses humaines, selon la doctrine de Suarez (a) *Nous corrigeons souvent*, dit-il, *la lumiere naturelle par la lumiere de la Foi, même dans les choses qui semblent être des premiers principes, comme il paroît dans celui-ci : les choses qui sont les mêmes qu'une troisiéme chose, sont les mêmes entre elles ; ce qui dans la matiere de la Trinité doit être restreint aux choses finies. Et dans les autres Mysteres, principalement dans ceux de l'Incarnation & de l'Eucharistie, nous apportons plusieurs autres limitations, afin que rien ne répugne à la Foi. C'est donc un signe que la lumiere de la Foi est plus*

(a) *Suar. Disp. VI. de Fide*, Sect. V. Art. 11.

plus certaine, parceequ'elle est fondée sur la premiere Verité, laquelle il est plus impossible qu'elle trompe ou qu'elle soit trompée, qu'il n'est impossible que la science naturelle de l'homme se trompe.

(a) Saint Augustin ne veut pas même que l'on attribuë à la Raison la connoissance de la Verité, que l'on croit que notre Entendement acquiert par la Raison; mais qu'on l'attribue à la lumiere même de la Vérité, dont elle est éclairée à proportion de sa capacité.

A qui la Vérité est-elle connue sans Dieu? dit Tertullien. (b) *A qui Dieu est-il connu sans le Christ? A qui le Christ est-il connu sans le Saint Esprit? A qui le Saint Esprit s'addonne-t-il sans le Sacrement de la Foi?*

De là vient que l'Apôtre, (c) après avoir fait retentir ces paroles: *Je perdrai la Sagesse des Sages, & je reprouverai la prudence des prudens,* où

(a) *Augustin. De Serm. Dom. in monte*, Libr. II. cap. 15.
(b) *Tertull. De Anim.* cap. 2.
(c) I. *Cor.* I. 19., 20.

où est le Sage ? où est le Scribe ? où est celui qui s'applique à l'étude de ce siecle ? Dieu n'a-t-il pas rendu insensée la Sagesse de ce monde ? Et après nous avoir avertis de ne nous laisser pas surprendre (*a*) *par la Philosophie, & la vaine tromperie, selon la tradition de homme & selon les élemens de ce monde ;* il dit ensuite, que nous nous (*b*) soûtenons par la Foi, que nous marchons (*c*) par la Foi, & non pas par les apparences, & que nous sommez confirmez (*d*) par la Foi. De même donc que dans les choses de la Foi, la Foi vient au secours de la Raison chancellante ; elle nous aide aussi dans toutes les autres choses que nous connoissons par la Raison, pour nous rassurer dans nos doutes, & pour rétablir la Raison dans ses droits, dont elle étoit décheue ; c'est-à-dire, dans la connoissance de la Verité, qu'elle desire naturellement.

(*a*) *Col.* II. 8.
(*b*) II. *Cor.* I. 23.
(*c*) II. *Cor.* V. 7.
(*d*) *Col.* II. 7.

CHAPITRE

CHAPITRE III.

1. *Il n'y a rien dans l'Entendement, qui n'ait été dans les Sens*, 2. *contre Platon*, 3. *contre Proclus*, 4. & *contre Des Cartes.*

Il n'y a rien dans l'Entendement qui n'ait été dans les Sens.

MAis, lui dis-je; (car je l'interrompois souvent) qu'est-ce que je vous ai ouï avancer tantôt, qu'il n'y a point d'autre voye par où les Idées des choses viennent à notre Entendement, que les milieux qui se trouvent interposez, & nos Sens? N'avons-nous pas des Idées dans l'Entendement, qui sont nées avec nous, & n'ont point passé par nos Sens, comme les Idées que nous avons de nôtre Entendement même, des Anges, de Dieu? Comme celles que nous avons de ces Maximes, ou Notions communes, que les Dialecticiens appellent *des Axiomes*? Ne connoissons-nous pas ces natures universelles des choses, que le Vulgaire des Philosophes appelle *des Essences*, qui sont véritables, immuables, & éter-

éternelles, & ne sont pas sujettes à la dépravation des Sens, comme ces Idées qui viennent du dehors ?

Vous me prévenez, me répondit-il, l'ordre des choses dont je vous ai promis l'éclaircissement me conduisoit-là. Véritablement cette question est capitale, & a été débatue à outrance entre les Princes de la Philosophie. Car Pythagore, Timée, & les autres Pythagoriciens, Socrate, Platon, & tous les Platoniciens soûtiennent, que nous apportons en naissant des Idées avec nous. Democrite au contraire, & son Sectateur Epicure, Aristote, & toute l'école des Peripateticiens, rejettent toutes ces Idées nées avec nous, & n'en reconnoissent point d'autres que celles qui nous viennent du dehors, qui ont passé par les Sens, & que nous nous sommes formées. Je vous en dirai mon sentiment, puisque vous le desirez, & que l'ordre de cette dispute nous y mene. Mais vous entendrez ce qui ne sera pas du goût de tout le monde, ni peut-être du vôtre.

Comme l'opinion de Platon, touchant ces Idées qui sont nées avec nous,

nous, me sembloit autrefois bien plus honorable à l'homme, & relever sa dignité, je souhaitois fort qu'elle se trouvât véritable: car il me paroissoit glorieux à la nature humaine, que notre Entendement nous fût donné, après avoir été embelli de la main de Dieu, & enrichi des dons du Ciel. Je cherchois donc des preuves de tous côtez, qui pussent me convaincre, & convaincre aussi les autres de la verité de cette opinion. Je trouvois de certains raisonnemens dans Platon, j'en trouvois quelques-uns dans Proclus, & dans d'autres Platoniciens, qui étoient spécieux, & qui pouvoient ébranler un homme peu attentif. Mais ces mêmes raisonnemens me paroissoient sans aucune force, lorsque je cessois de m'abandonner à l'orgueil qui est naturel à tous les hommes.

Contre Platon.

2. Le principal & presque l'unique argument dont se sert Socrate dans Platon, pour prouver que nous apportons ces Idées en naissant, se réduit à dire, que l'Entendement humain ne pourroit ramasser & concevoir cette varieté innombrable de notions,

tions, dans un tems aussi borné qu'est celui de notre vie, étant enveloppé & voilé de cette masse de notre corps, s'il ne les eût apportées déja produites, & formées en lui; & qu'ainsi nous n'apprenons pas ce que l'on nous enseigne, mais que nous nous en ressouvenons.

Ces Discours sont plus dignes d'un Orateur, qui parle en Public, que d'un Philosophe; car qui niera ces choses, comme je les nie, & qui dira que l'Entendement humain est de telle nature, qu'il est fort aisé à ébranler, lorsque les Sens étant frappez par les objets exterieurs, & les fibres des nerfs & les esprits étant émus, le cerveau en reçoit l'impression; que l'Entendement étant averti par cette impression du cerveau de ce qui se passe au-dehors, il agite à son tour les esprits, & faisant une revûë sur le traits délicats qui sont tracez dans le cerveau, rassemblant ce qui est séparé, séparant ce qui est assemblé, & comparant ensemble les choses qui ont du raport; il considere ce qui est présent, & voit ce qui le précede & qui le suit, d'où dépend la con-

conduite de la vie, & l'enchaînement des ſciences : qui tiendra, dis-je, un tel langage, que lui répondra Platon ?

Contre Proclus. 3. Les preuves dont ſe ſert Proclus, ſont d'un plus grand poids. Il dit que tout ce qui part des Sens eſt ſujet au changement, & que l'homme a des Idées, ou des eſpeces imprimées dans ſon Entendement, qui ſont éternelles & immuables ; ſavoir, les Idées des figures, des nombres & des mouvemens ; & qui par conſéquent ne peuvent être venues des Sens ; qu'autrement ſi des Idées ſi fixes & ſi conſtantes provenoient des Sens qui ſont ſi foibles & ſi ſujets à l'erreur, l'effet ſeroit plus parfait que ſa cauſe. Mais pour nous nous ne connoiſſons point ces Idées éternelles ; car, par exemple, l'Idée d'un Triangle que je trouve en moi, c'eſt quelque choſe d'obſcur & de confus, qui n'eſt point circonſcrit ni déterminé, & qui a été produit en moi par les Idées des Triangles particuliers que j'ai vus. Que cela ſoit dit une bonne fois de toutes ces Idées, que l'on l'on appelle *de simple & de pure intelligence.*

Proclus ajoûte que les meilleures Démonstrations sont celles qui sont composées de propositions plus universelles, & que les Démonstrations les plus imparfaites sont celles qui sont composées de propositions particulieres : Que cependant il n'en iroit pas ainsi, si les choses universelles étoient produites par les particulieres ; puisque ce qui est produit par la cause est préferable à ce qui est produit par l'effet. Sur cela je ne veux point disputer de la force des Démonstrations, composées de propositions universelles ou particulieres : je nie seulement que ce qui est produit par la cause, soit toûjours préferable à ce qui est produit par l'effet. Car comme pour nourrir un mouton l'herbe vaut mieux que la terre qui a produit l'herbe : de même pour former une Démonstration, les propositions universelles sont plus utiles que les propositions particulieres ; quoique les propositions universelles soient composées des particulieres, & qui dépendent des Sens,

La troisiéme preuve de Proculus est, que si l'Entendement humain reçoit de la matiere & des choses sensibles les principales & plus claires Idées des choses, & qui existent davantage, la matiere aura l'avantage sur l'Entendement : ce qui vaut autant que si l'on disoit, que le marbre dont se servit le Sculpteur Praxitele pour former la statuë de Venus, étoit plus noble que Praxitele, parcequ'il renfermoit cette statuë de Venus que Praxitele en a tirée.

Et contre Des Cartes. 4. Des Cartes a pris un tour fort différent ; mais aussi peu certain que les précedens, si je ne m'abuse ; car des trois sortes d'Idées qu'il propose, dont les unes viennent du dehors, comme l'Idée que j'ai du Soleil, & qui m'est venu de la veüe que j'ai eüe du Soleil ; les autres sont facticés, & formées en nous par nousmêmes, comme l'Idée du Soleil qui est dans l'Entendement de l'Astronome, & qu'il s'est formée sur ses raisonnemens, & sur ses observations ; & les autres sont naturelles, & nées avec nous, comme l'Idée de Dieu, & les Idées des principes Geométriques,

ques, & des Essences; de ces trois sortes d'Idées, dis-je, qui sont proposées par Des Cartes, il est clair que les deux premieres viennent des Sens. Pour la troisiéme, si nous la considerons avec attention, nous trouverons, que selon les raisonnemens mêmes de Des Cartes, elle peut fort bien être provenuë des Sens, comme les deux premieres. Car puisque, selon lui, ces Idées naturelles sont la faculté même de penser qui est en notre Entendement, il s'ensuit que l'Idée de Dieu qui est en nous, n'est autre chose que la faculté de former des pensées de Dieu, qui est en nous; de même que les autres Idées naturelles nées avec nous, qui sont en notre Entendement, ne sont autre chose que la facilité de former des pensées de ces autres choses-là, qui est en nous.

Or cette faculté de penser, à quelque sujet qu'on l'applique, dont on puisse avoir quelque pensée, soit Dieu, soit un homme, soit le Soleil, est toûjours la même faculté. De même que la faculté de chanter, soit que l'on chante une Courante, ou une Sarabande, ou un

Menuet, est toûjours la même faculté. Cela étant ainsi, puisque la faculté qui est en moi de former des pensées, ou du Soleil, ou d'un homme ; c'est-à-dire, l'Idée du Soleil ou d'un homme, qui est en moi, m'est venue du dehors ; & par conséquent l'Idée de Dieu qui est en moi, m'est aussi venue du dehors.

Des Cartes lui-même reconnoît qu'il n'y a point de différence entre ces Idées, lorsqu'il dit que l'Idée même que nous avons d'un homme ou du Soleil, ne nous vient pas du dehors ; mais que notre Entendement se les forme lui-même, après qu'il a été excité & ébranlé par de certains mouvemens corporels ; & qu'à plus fortes raison il faut dire la même chose des Idées des choses, qui ne sont point formées par notre Entendement, après qu'il a été excité par des mouvemens corporels ; telles que sont l'Idée de Dieu, & les Idées des Essences, & des Axiômes Geométriques : ce que Des Cartes ne peut dire sans attribuer la même origine & la même nature aux Idées qui nous viennent du dehors, & à celles qu'il appelle naturelles,

naturelles, qu'il prétend être nées avec nous.

Pour moi, ayant appris que d'excellens Philosophes avoient été persuadez que l'Entendement humain avoit été revêtu & orné de tous ces avantages, non pas à la faveur des Sens, mais dès son origine; je me suis appliqué, & souvent, & long-tems, & attentivement, à rechercher ces richesses cachées de mon Entendement, & à discerner ces biens que je tenois de la nature, de ceux qui m'étoient venus du dehors, & qui étoient acquis. Mais quelque diligence que j'aye apportée à cette recherche, je n'ai trouvé en moi aucune Idée, qui ne m'ait paru très-clairement être venue du dehors, & dont je n'aye reconnu la source dans les objets extérieurs d'où elle étoit partie, & la voye même par où elle a trouvé entrée dans mon Entendement.

J'ai cru ensuite pouvoir juger de l'Entendement des autres par le mien: Car je puis assurer que quiconque voudra se dépouiller de son amour-propre, & développer, sans s'en faire accroire, les plus cachez replis de son Esprit, il ne trouvera en lui aucune Idée qui ne se soit formée des especes des objets extérieurs.

Ceux qui sont dans une opinion contraire, demandent d'où m'est venuë l'Idée d'un Triangle. Je répons qu'elle m'est venuë d'une infinité de Triangles que j'ai vûs, d'où je me suis fait une Idée obscure & confuse de Triangle, qui n'est point déterminée, ni circonscrite par des bornes certaines. Ils demandent d'où m'est venuë l'Idée de quelque nombre, comme de quatre. Je répons qu'elle m'est venuë d'une infinité de choses que j'ai vûës, qui étoient au nombre de quatre, comme des quatre pieds d'un cheval, ou des quatre angles d'un quarré; ou même que je me la suis formée par la force naturelle de mon Entendement, qui quand je n'aurois jamais vû ensemble des choses au nombre de quatre, ajoûte aisément à deux choses que j'ai souvent veuës ensemble, deux autres choses; ou à trois choses en ajoûte une autre; & qui ensuite des choses nombrées sépare & abstrait le nombre, & le considere abstrait & séparé.

Ils demandent d'où m'est venue l'Idée du mouvement. Je réponds qu'elle m'est venue de plusieurs mouvemens des corps que j'ai souvent vûs se mouvoir; d'où il est arrivé que mon Entendement séparant le mouvement de la chose mobile, s'est formé une certaine Idée du mouvement; non pas une Idée claire, nette, & expresse du mouvement; mais informe & confuse.

Ils demandent d'où m'est venue cette notion, que deux choses égales à une troisiéme sont égales entre elles. Je réponds qu'elle m'est venue de plusieurs observations que j'ai faites de choses, qui ayant été mesurées sur la même mesure, se sont trouvées égales; & même que mon Entendement par sa force naturelle a bien pû se la former, en se figurant quelque mesure imaginaire, à laquelle il applique deux choses mentalement, & en les trouvant égales à cette mesure, il lui paroît qu'elles sont égales entre elles. Et de là s'est formée en moi cette notion générale & vague, & détachée de toutes sortes d'objets extérieurs, que toutes les fois que d'eux choses conviennent avec une troisiéme, elles conviennent entre elles.

Ils demandent d'où m'est venue l'Idée de Dieu, & des choses incorporelles. Sant Thomas (a) répond excellement, que *les choses incorporelles, dont il n'y a point d'especes, sont connues de nous par comparaison aux corps sensibles; dont il y a des especes: comme nous connoissons la Verité, par la considération des choses dans lesquelles nous spéculons la Verité*. Il ajoûte de plus, suivant l'opinion de Saint Denys, que nous connoissons Dieu comme cause, & pour parler selon le langage de l'Ecole, *par excez & retranchement*; & que tant que nous sommes attachez à ce corps mortel, nous ne pouvons connoître toutes les autres choses incorporelles, que *par retranchement, & par quelque comparaison aux choses corporelles*; & que pour cela il est nécessaire que *nous ayions recours aux especes des corps, quoique les choses incorporelles n'ayent point d'especes*.

Mais

(a) *Thom. Part.* I. Q. 84. A. 7. & 8.

Mais ç'en est trop sur ce sujet, quoique ce soit un point capital ; car il se trouve des gens, qui de cette vaine fiction des Idées naturelles & nées avec nous, tirent de merveilleuses conséquences. Mais reprenons notre matiere, si ce n'est, me dit notre Philosophe, que vous n'ayïez quelque Objection à me faire.

Quand à présent, lui dis-je, je n'ai rien à vous objecter sur cette These que vous soûtenez ; sçavoir, que tout ce que nous concevons a passé auparavant par nos Sens, ou en tout, ou en partie ; car je désire seulement connoître votre sentiment, sans qu'il soit besoin maintenant de vous proposer le mien. Continuez donc, je vous supplie, de m'expliquer le reste. Lors il reprit ainsi.

Il doit donc passer pour constant, que nous ne pouvons connoître clairement la Verité ; & pourtant que quelque diligence & quelque attention que nous apportions à la considération des choses ; que quelque vraisemblance, & quelque Evidence que nous trouvions, il ne faut pas pourtant y ajoûter entierement foi ; mais qu'il faut toûjours les tenir pour douteuses. Il s'ensuit encore de ce que nous avons dit, que ceux qui s'appliquent à la recherche de cette Verité claire & constante, & qui ne soit obscurcie d'aucun doute, se donnent une peine inutile, & perdent leur tems; cette Verité étant au-dessus de la portée de l'Entendement humain. Du reste, il faut nous souvenir de ce que j'ai dit dès l'entrée de ce discours, de ces divers dégrez, & de ces divers genres de certitude: car il s'agit présentement entre nous de cette souveraine & entiere certitude, à laquelle il ne manque rien pour être au suprême degré de la perfection, & laquelle ni la Raison, ni les Sens ne nous peuvent donner; & dont nous ne pourrons joüir que lorsque nous serons unis à Dieu, qui est la source de la Verité.

Quoique je ne nie pas que pendant que nous sommes liez à ce corps mortel, notre Entendement puisse parvenir à cette souveraine certitude humaine, (a) *lequel bien qu'environné de*

(a) *Augustin. De morib. Eccl. Cathol.* cap. 2.

de ténébres dans la nuit du péché, & obscurci par les rameaux de l'humanité, comme parle Saint Augustin, a néanmoins sa pénétration, & peut porter des regards vers la Verité, sinon fixes, & sans éblouissement, au moins vifs & perçans. De même qu'encore que du Lybée, Promontoire de Sicile, je ne puisse pas discerner & compter les Vaisseaux qui sortent du port de Carthage; je puis néanmoins les compter, lorsque je m'en suis approché, & quoique je ne puisse pas regarder le Soleil, je puis néanmoins regarder la Lune & les étoiles. Notre Entendement est l'œil de notre Ame: la Verité est le Soleil, dont notre œil ne peut pas soûtenir les rayons, s'ils ne sont temperez, ou ou par la réfléxion, ou par la refraction, ou par l'interposition de quelque milieu qui les proportionne à notre foiblesse.

CHAPITRE IV.

Il faut suivre dans l'usage de la vie les choses probables, comme si elles étoient véritables.

NOtre intention n'est donc pas d'éteindre toute la lumiere de l'Esprit, nous ne croyons point que notre Entendement soit dans un perpetuel égarement ; nous ne sommes point devenus des troncs d'arbres, attachez à la terre, couverts d'une épaisse ignorance de toutes choses, dépourveus de conseil, & de régle pour conduire notre vie ; ne sachant pas même en quelle posture nous devons être, comme nous l'objectent souvent des gens mal informez de nos sentimens. Car encore que nous ne marchions pas à la lumiere du Soleil & en plein midy, nous marchons au moins à la lumiere réfléchie de la Lune ; & encore que nous n'ayïons pas une connoissance certaine de la Verité, nous avons au moins des vraisemblances.

Mais en disant que certaines choses

ses nous paroissent vrayes, je n'assure pas pour cela qu'elles soient vrayes; car autre chose est de paroître, autre chose d'être. Bien-plus je n'assure pas même que ces choses nous paroissent vrayes; je dis seulement que cela me paroît ainsi. Car comme je dis que ce qui est vraisemblable est incertain, je dis aussi que l'Idée du vraisemblable est incertaine. Desorte que quand je dis qu'une chose me paroît vraisemblable, cela même que je dis sujet à la même Loi est de l'incertitude. Or ce sont ces vraisemblances & ces probabilitez, que nous devons suivre dans l'usage de la vie au défaut de la Verité; soit lorsque l'inclination naturelle de notre Entendement & de nos Sens nous attire; soit lorsque nous sommes pressez par les besoins de notre corps, comme par la faim & par la soif; soit lorsque nous suivons les Coûtumes & les Loix; soit lorsqu'il faut pratiquer les arts nécessaires à la vie. Nous devons au contraire rejetter comme des faussetez, les choses qui n'ont ni vraisemblance ni probabilité, de-peur de demeurer dans l'inaction, ou plûtôt de-peur de devenir des souches & des rochers.

Lorsque

Lorsque l'on nous demande donc, si nous demeurons d'accord que l'on puisse former des opinions, nous voulons que ce terme d'*opinions* soit purgé des mauvaises acceptions qu'il peut avoir. Car l'on appelle *opinion*, le consentement que l'on peut donner aux choses douteuses, dans les méditations & dans les disputes de Philosophie, & l'affirmation d'une chose incertaine comme véritable, un homme sage doit se dépouiller de ces sortes d'opinions. Et c'est ici qu'il faut appliquer ce mot de Theognis ; *L'opinion est un grand mal parmi les hommes ; mais l'experience au contraire est très-utile*. Car lorsqu'il s'agit de la Verité, la souveraine loi est de ne donner point legerement & inconsiderément sa créance & son consentement, & de ne rien affirmer témerairement. Que si par le mot d'*opinion* l'on entend la détermination & la résolution que l'on prend de suivre ce qui est probable dans l'usage de la vie, nous ne défendons point les opinions.

Il faut apporter une pareille distinction aux termes de *créance*, & de *consentement*. Si on le faisoit, on termineroit de grandes contestations, qui ont donné beaucoup d'exercice aux anciens Academiciens. Il faut donc apporter le même soin & la même diligence à discerner les choses probables, que les autres veulent que l'on apporte à la recherche de la Verité : Et comme les autres reglent leur vie sur ce qu'ils croyent être véritable, nous reglerons la nôtre sur ce qui nous paroîtra vraisemblable ; & nous ne serons Zetetiques, c'est-à-dire, *Chercheurs*, que pour tâcher de trouver ce qui sera probable.

CHAPITRE V.

Regle, ou Criterium *de la Probabilité.*

Comme les Dogmatiques ont un *Criterium*, ou Regle de Verité, pour discerner le vrai du faux, soit les Sens, soit l'Entendement, soit tous les deux ; nous avons aussi une Regle de Verité pour discerner les choses probables de celles qui ne le sont pas. Ce que j'ai dit ci-dessus fait

fait assez entendre, quand je n'en dirois rien, qu'il y en a deux ; l'une prochaine & l'autre éloignée : la prochaine, est la disposition & l'arrangement des fibres du cerveau ; & la forme des traces, que soit les nerfs, soit les esprits ébranlez par les objets exterieurs & par le moyen des Sens, ont laissez dans le cerveau ; & les Idées qui en sont produites. Car l'Entendement appercevant ces Idées & ces traces, forme de là son jugement sur leur cause, leur origine, & leur signification ; & il fait une estimation convenable des especes des choses, d'où dépend la vraisemblance. La Regle de Verité éloignée, sont les Sens, qui étant ébranlez par les objets exterieurs, impriment de certaines traces dans le cerveau, par le moyea des nerfs & des esprits, qui étant apperçues par l'Entendement, il porte son jugement sur les objets exterieurs.

CHAPITRE

CHAPITRE VI.

Quelle est la fin que l'on se propose dans l'art de douter.

APrès avoir proposé la Regle de Verité, qui fait la conduite de notre doctrine, il faut aussi exposer quelle en est la fin. J'appelle la fin, le but à quoi se raportent toutes les parties d'un Systême, & la derniere de toutes les choses que nous voulons acquerir par ce Systême. Or ce Systême a pareillement deux fins, l'une prochaine, & l'autre éloignée. La fin prochaine, est d'éviter l'erreur, l'opiniâtreté, & l'arrogance. La fin éloignée, est de préparer l'Esprit à recevoir la Foi : Car puisque nous avons été créez de Dieu pour l'aimer & le servir pendant cette vie, & pour joüir de la béatitude éternelle après notre mort ; la doctrine que j'établis nous fournit pour cela de grands secours. Car Dieu nous a donné en naissant un grand desir de la béatitude, n'y ayant personne qui ne ne desire d'être heureux. Et parceque la connoissance de la Vérité est une partie de la béatitude ; jusques-là que quelques Philosophes qui ne sont pas méprisables, ont fait consister le dernier de tous les biens dans l'acquisition de la science, nous sentons en nous un grand desir de connoître la Vérité, & nous sommes attirez à sa recherche.

Mais parceque cette vie mortelle n'est pas capable de la béatitude, elle ne l'est pas aussi de la Verité. Nous avons seulement une inclination naturelle à connoître la Verité, & cette inclination est un aiguillon qui nous excite à rechercher la béatitude, dans laquelle consiste la connoissance parfaite de la Verité. Car la béatitude consiste dans la veuë de Dieu, qui est une source éternelle & immense de la Verité. Pour exciter & entretenir ce desir de savoir, qu'il a mis dans l'homme, il a joint à son Entendement des étincelles, comme un foyer, & une connoissance des choses, obscure & douteuse, insuffisante pour nous faire connoître la Verité avec une entiere

certitude,

certitude, & une parfaite Evidence; mais suffisante pour la conduite de notre vie, & par laquelle l'homme étant averti de sa foiblesse & de son ignorance, entrât dans une juste défiance de sa Raison, évitât l'erreur, la précipitation de son jugement, l'imprudence de son consentement & de sa créance, & l'arrogance de ses affirmations; se depouillât de toute opiniâtreté; & après avoir reconnu le peu de secours qu'il pouvoit tirer de sa Raison, pour la découverte de la Verité, il se trouvât engagé à chercher quelque moyen plus utile.

Or ce moyen est la Foi par lequel l'homme pendant sa vie acquiert quelque connoissance de Dieu, & des choses divines; & ayant enfin acquis la béatitude après sa mort il jouït d'une parfaite connoissance de la Vérité. *Car*, comme nous l'enseigne l'Apôtre, (a) *nous connoissons en partie: mais quand ce qui est parfait sera venu, ce qui est en partie sera évacué. Car nous voyons maintenant dans un miroir énigmatiquement, mais*

(a) I. Cor. XIII. 9. 10. 12.

mais alors nous verrons face à face. Mais la Foi est un don du Ciel, que Dieu veut bien accorder à ceux qui ne se confient pas trop aux forces de la nature, ni présument pas trop de la pénétration de leur Raison, ni ne sont pas attachez à leurs sentimens avec trop d'opiniâtreté, & préparent soigneusement leur Esprit à la recevoir. Et c'est-là l'effet que produit cet art de douter que nous établissons ici.

En nous attachant donc aux choses probables, au défaut des veritables, servons-nous de cette connoissance des choses informe & ébauchée, que Dieu nous a accordée, qui nous suffit pour la conduite de notre vie, & qui nous est principalement utile pour soumettre notre Entendement à la Foi. Servons-nous aussi de cette connoissance imparfaite dans l'étude de la Philosophie, de-peur que nous ne prenions les choses inconnuës pour des choses connuës, & que nous ne tombions dans l'erreur, qu'il est honteux de ne pas éviter lorsque l'on en a le pouvoir.

CHAPITRE VII.

Il ne faut point s'attacher aux sentimens d'aucun Auteur.

GArdons-nous sur toutes choses de nous attacher aux sentimens d'aucun Auteur, & de prendre parti dans aucune Secte, & principalement dans aucune Secte des Dogmatiques, qui croyans pouvoir parvenir par le secours de leur Raison à une connoissance certaine & indubitable de la Verité, pêchent dans les principes, & tombent sur le seuil même de la Philosophie. Il ne faut pas même nous livrer de telle sorte aux Academiciens & aux Sceptiques, que nous ne soyïons prêts de les abandonner, s'il le faut, en pesant toutes choses à la balance de notre Esprit, nous reservant toûjours une entiere liberté de penser & de parler sur toutes les matieres de la Philosophie.

Car, comme Arcesilas changea le Systême de Pyrrhon, & Carneade celui d'Arcesilas, & Philon celui de Car-

Carneade, & Antiochus celui de Philon, il est juste que nous ayions le même droit. Par exemple, nous abandonnons les Academiciens & les Sceptiques, en ce qu'ils font profession de chercher la Verité, & d'examiner toutes choses pour la trouver, & de les considerer de tous les côtez, ce qui leur a fait donner le nom de Zetetiques. Car quelle Verité ont-ils trouvée par une si longue & si constante recherche ? Ils devoient dire qu'ils évitoient la fausseté & l'erreur, & non pas qu'ils cherchoient la Verité. On évite la fausseté & l'erreur, en suspendant son jugement, & retenant sa créance & son consentement : ce qui dépend de nous de parvenir à la connoissance claire & certaine de la Verité, comme je l'ai fait voir ; car c'est une entreprise vaine & frivole, de chercher ce qu'on ne peut trouver.

Nous nous éloignons de-plus du sentiment des Sceptiques en plusieurs autres chefs ; mais principalement en ce qui regarde la fin des biens, qu'ils font consister dans un état fixe & constant de l'Ame, & qui ne soit sujet à aucun trouble, dans les choses qui dépendent de l'opinion, qu'ils appellent Ataraxie; & que dans les choses qui sont forcées, & qui ne dépendent point de nous, ils appellent Metriopathie; c'est-à-dire, la modération & la fermeté pour les supporter. Mais nous, nous faisons consister la fin des biens, à éviter l'opiniâtreté, & l'arrogance, & à préparer l'Esprit pour recevoir la Foi.

CHAPITRE VIII.

Il faut choisir dans chaque Secte ce qui y paroît de meilleur.

SAns nous attacher donc à aucune Secte, nous les examinons toutes; & nous en prenons pour nôtre usage tout ce qui a quelque apparence de Verité; & sans nous arrêter à celui qui a dit quelque chose, nous n'avons attention qu'à ce qui a été dit. Que si par notre

notre propre industrie nous pouvons trouver quelque chose d'utile, nous nous y attachons aussi, & nous ne rejettons par nos propres biens : sans jamais toutefois nous départir de cette souveraine loi de douter, toûjours prêts de rejetter ce que nous avions approuvé, si-tôt que nous trouverons quelque chose plus probable : & nous conservant toûjours une entiere liberté de notre jugement, nous ne nous assujettirons jamais à aucune nécessité, ni à aucune autorité.

CHAPITRE IX.

Sur toutes choses il faut prendre garde de ne rien admettre, qui soit contraire à la Foi.

NOus avons principalement une grande attention à ne rien admettre qui soit contraire à la Foi revelée, tenant pour très-certain & indubitable ce que Dieu a marqué dans notre Ame par la Foi, guide & maîtresse de la Raison ; & tenant pour dou-

douteux tout ce que la Raison nous enseigne.

CHAPITRE X.

La Secte des Eclectiques a été suivie par de grands hommes.

DU reste dans cette maniere libre & dégagée de Philosopher, & de parcourir toutes les Sectes, nous suivons l'exemple de plusieurs Grands Hommes : principalement de Platon, qui a formé sa Secte des opinions de Pythagore, d'Epichrame, de Parmenide, d'Heraclite, & de Socrate, & qui l'a enrichie des Dogmes des Egyptiens. Car il a pris de Pythagore la méthode d'appliquer aux choses naturelles les Nombres & les Démonstrations Géométriques, & d'examiner la nature des choses que nous concevons par notre Entendement. Il a pris d'Heraclite la méthode d'examiner la nature de nos sensations. Il a pris d'Epicharme la Doctrine des Idées. Il a pris de Socrate sa Morale, sa Politique, & son

Æconomique. Il a pris des Egyptiens la méthode d'expliquer sa Doctrine, par des fictions & par des fables.

Quoique Ciceron se porte pour Academicien, il se promene néanmoins dans les Ecoles des autres Philosophes; il en prend & s'approprie tout ce qui est à son goût; car il veut passer pour Socraticien & pour Platonicien. Il s'attache quelquefois aux Stoïciens, & quelquefois il est entierement sien. Horace (*a*) ne suit point si fidelement Aristippe & Epicure, qu'il ne devienne quelquefois Peripateticien, ou Stoïcien, sans se lier à aucune Secte. Seneque (*b*) déclare ouvertement qu'il ne s'attache à personne, & qu'il ne veut porter le nom d'aucune Secte; qu'il a beaucoup de déference pour le jugement des Grands Hommes; mais qu'il défere aussi quelque chose au sien; qu'il suit sa propre route, & qu'il se suit lui-même;

(*a*) *Horat. Carm.* Libr. I. Od. 34. & *Epist.* Libr. I. *Epist.* 1.

(*b*) *Senec. Epist.* 16, 21, 33, 46, 80. *De otio Sap.* cap. 30.

même ; qu'il s'abandonne à lui-même pour trouver quelque choſe de nouveau, pour le changer, & pour le quitter ; qu'il n'eſt point eſclave de ceux qui l'ont devancé ; mais qu'il leur prête ſon conſentement.

Si quelqu'un a donc dit quelque choſe à propos, il le ſaiſit, & l'applique à ſon uſage. Il dit qu'il faut ſaire la même choſe dans la Philoſophie que dans le Senat : lorſque quelqu'un y propoſe un avis, dont une partie plaît & l'autre non, on diviſe l'avis, & on en prend ce qui agrée : parceque de s'attacher inſéparablement à quelqu'un, ce n'eſt pas une aſſociation ; mais une faction. Il ſe mocque de ces Philoſophes devoüez, marchans toûjours ſur les traces des autres, & jamais ſur les leurs, dans l'importante recherche dont il s'agit ; je veux dire celle de la Verité, que l'on cherche encore depuis ſi long-tems, & qu'ils ne trouveront jamais ; particulierement s'ils ſe contentent de ce qui eſt déjà trouvé. Il ne défend pas que l'on ne marche dans le chemin battu ; mais ſi l'on en trouve un plus uni, il veût qu'on le suive. Quoiqu'il eût donc pris parti avec les Stoïciens, il les abandonne souvent, & devient Epicurien.

Je ne puis pas me dispenser d'alleguer Origene (a), qui avoit coûtume de parcourir les Ecoles des Philosophes, & d'en enlever quelque butin. Il suivoit en cela la pratique de Clemeut Alexandrin (b), son maître, qui jugeoit que la seule Secte qui méritoit le nom de Philosophie, étoit non pas celle qui reclame Platon pour son Auteur, ou Aristote, ou Epicure, ou Zenon; mais celle qui prend ce qu'il y a de meilleur dans chacune de ces Sectes, & que l'on appelle Eclectique.

Lactance (c) est de ce même sentiment; il déclare qu'il suivra ceux qui ramasseront la Verité qui est répandue dans les Sectes différentes, & la réduiront en un seul corps; mais que cela ne se peut faire que par un homme qui connoisse la Verité, & que

(a) *Origenian.* Libr. II. cap. 1. §. 4.
(b) *Clem. Alex. Strom.* Libr. I.
(c) *Lactant.* Libr. VII. cap. 7.

que personne ne peut connoître la Verité que celui qui sera instruit de Dieu. Il reprend fortement ceux qui s'étant addonnez à une Secte, rejettent toutes les autres, comme vaines & fausses, & combattent sans discernement toutes les raisons de leurs adversaires.

Dans cette Secte de Medecins, que l'on appelle Méthodique, & qui approche fort de la Doctrine des Sceptiques, selon le témoignage de Sextus Empiricus, quelques-uns ont fait profession d'être Eclectiques. De ce nombre étoit Archigene d'Apamée. Cette nouvelle Societé de Philosophes Anglois, qui a élevé tant d'excellens Esprits, condamne l'arrogance des Dogmatiques, & sans s'attacher à aucune Secte, elle s'employe uniquement à choisir & à cultiver ce que l'on a trouvé jusqu'ici de meilleur, ou à trouver quelque chose de mieux; plus digne d'être suivie par ceux qui viendront après elle, que de suivre ceux qui l'ont devancée. Si vous ajoûtez à cette liste tous ceux qui ne sont pas tellement devoüez à une Secte, qu'ils ne se sont reservé la liberté de faire des courses dans les autres, & de les piller, le nombre ira à l'infini.

Contre cette méthode on m'alleguera la contradiction qui se trouvera entre ces opinions ramassées : Car étant tirées de principes différens, il ne semble pas qu'elles puissent convenir ensemble. Mais j'entens que l'on commence ce choix par les principes mêmes ; car après qu'on les aura établis, l'on n'admettra aucunes opinions, qui ne conviennent entre elles, & avec ces principes. Si quelqu'un, par exemple, admet le Vuide avec Democrite, il sera ridicule, s'il soûtient avec Des Cartes que la nature du corps consiste dans l'étenduë en longueur, largeur & profondeur.

On s'abuseroit bien si l'on croyoit que Potamon, & les Eclectiques, dont il a été le Prince, ont été si inconsiderez, que d'embrasser des opinions repugnantes & contradictoires. Il avoit formé un certain Systême, dont il avoit renfermé les élémens dans un petit Livre. Peut-on douter qu'il n'eût trouvé quelque rapport, & quelque convenance entre les parties de ce Systême. Il faut croire le semblable

blable des autres Eclectiques, qui ont été en cela si circonspects, qu'ils ne se sont pas même assujetis à toutes les opinions de Potamon; mais seulement à sa méthode de prendre de tous côtez ce qui semble le meilleur. Pour moi, quoique j'approuve fort cette voye, je ne prétens pas pour cela passer pour Potamonicien, ou pour Eclectique; car ce seroit m'attacher à une Secte, & c'est ce que je veux éviter sur toutes choses, de-peur de me priver de la liberté de mes sentimens.

D'ailleurs, il y a apparence que Potamon a été Dogmatique, & on le peut conjecturer de ce que ceux qui ont ramassé les principaux chefs de son Systême, n'en rapportent aucun qui ait quelque convenance avec les Sectes qui établissent la Loi de douter; & à peine en trouverez-vous un parmi les Eclectiques, qui se soit attaché aux Academiciens, ou aux Sceptiques. Enfin il y a plusieurs points, sur lesquels je suis dans des sentimens bien différens de ceux de Potamon & des autres Eclectiques.

CHAPITRE XI.

Puisqu'il ne faut s'attacher, ni à la Secte des Academiciens, ni à celle des Sceptiques, ni à celle des Eclectiques, ni à aucune autre, il faut s'attacher à la sienne propre.

SI quelqu'un me demande maintenant ce que nous sommes, puisque nous ne voulons être ni Academiciens, ni Sceptiques, ni Eclectiques, ni d'aucune autre Secte; je répondrai que nous sommes nôtres, c'est-à-dire, libres, ne voulans soumettre notre Esprit à aucune autorité, & n'approuvans que ce qui nous paroît s'approcher plus près de la Verité. Que si quelqu'un par mocquerie, ou par flatterie, nous appelle ἰδιαγνώμονας, c'est-à-dire, attachez à nos propres sentimens, nous n'y répugnerons pas.

Fin du Livre second.

LIVRE

LIVRE TROISIÉME.

On propose les Objections de nos adversaires, & on les réfute.

CHAPITRE

CHAPITRE PREMIER.

Premiere Objection, que nous ôtons l'usage de la Vie.

NE croyez pas, mes Amis, que je me sois rendu sans résistance à cette Doctrine captieuse, & que j'aye trahi la veritable Philosophie par un lâche silence. J'ai pris au contraire le parti des Dogmatiques avec chaleur. Je veux vous rendre compte de la suite de notre entretien : Car notre Provençal croyant avoir épuisé cette matiere, & établi son Systême hors de toute contradiction, & m'avoir entierement convaincu, il mettoit la conclusion à sa dispute par ces paroles : Vous avez entendu le discours d'un homme qui n'est pas peut-être assez modeste, ayant osé devant vous me constituer, non seulement arbitre; mais même censeur & reformateur entre tant d'habiles Philosophes. Mais vous l'avez voulu, & il a fallu vous obéir; & j'ai cru faire une moindre faute de m'engager dans l'examen de ces questions embarrassées & difficiles, que de manquer d'égards pour le désir d'une personne que je fais profession d'aimer & d'honorer.

Assurément, lui dis-je, vous m'avez fait un très-grand plaisir; car vous êtes entré dans des recherches qui m'ont agréablement instruit, & sur lesquelles il me sera fort doux dans l'avenir de faire de longues & de sérieuses réfléxions. Mais ne croyez pas être quitte tout-à-fait de cette dissertation, que vous avez bien voulu entrependre à ma priere. Car vous avez maintenant à combattre contre des Troupes de Dogmatiques, gens mutins & peu traitables, dont je crains que vous ne puissiez pas soûtenir l'assaut. Voici le premier coup qu'ils vous porteront. Vous l'avez bien prévu; mais il me semble que vous ne l'avez pas tout-à-fait évité. Ils vous diront, que puisque la Philosophie que vous suivez ne souffre point qu'on s'arrête au témoignage des Sens, obscurcit l'Entendement, confond le vrai avec le faux, & prive l'homme de sa propre approbation & de de son jugement, il s'ensuit que cette Philosophie *renverse tout l'état de la Vie*, pour parler comme Tertullien (*a*), trouble tout l'ordre de la nature, ôte toute sorte d'action, & que personne n'a plus la liberté de se remuer.

CHAPITRE II.

Seconde Objection, que nous nous privons de la Science.

NOus suivons, dites-vous, les coûtumes, nous obéïssons aux loix, nous nous laissons entraîner par le mouvement des autres hommes, de-peur que nous demeurions immobiles & attachez à la terre, comme des troncs d'arbres. Mais vous vous privez de la science, qui est la plus claire lumiere de l'Entendement, sans y laisser la moindre étincelle qui vous aide à voir la Vérité. C'est principalement pour cette cause, que la Secte des Pyrrhoniens s'est éteinte par la longueur du tems, ou

(*a*) *Tertull. De Anim.* cap. 17.

ou a été rejettée par les Payens: Car en la recevant, il falloit abandonner toutes les autres Sciences. C'estpourquoi l'on a vû sortir peu ou point de gens savans des Ecoles des Sceptiques, ni même de l'Academie moderne, que je conviens avec vous avoir été un véritable Pyrrhonisme.

CHAPITRE III.

Troisiéme Objection, que nous avons le Criterium, *ou la Regle du discernement du vrai & du faux.*

CE que vous dites, que vous suivez les vraisemblances, au défaut des Veritez, ne nous satisfait pas davantage: Car si vous demeurez d'accord qu'il se trouve dans les choses quelque apparence & quelque marque de Verité, que vous puissiez suivre, vous serez obligez d'avoüer que vous avez quelque Regle du discernement du vrai & du faux: Car cette apparence ou marque de Verité, qu'est-ce autre chose que ce qui fait le discernement du vrai & du faux?

faux ? Que si je vous fais avoüer qu'il y a quelque Regle du discernement du vrai & du faux, l'accès est ouvert à la Verité.

Voyez de là ce qui s'ensuit : quand vous trouvez en quelque chose quelque apparence de Verité, qui vous donne lieu de dire que cette chose est vraisemblable & probable, vous comprenez & connoissez que cette chose est vraisembable ; & vous affirmez ensuite ce que vous avez ainsi compris & connu, & vous le suivez dans l'usage de la vie, & par conséquent vous y donnez votre consentement & votre créance. Et lorsque vous direz qu'il y a de certaines choses qui sont vraisemblables ; mais qu'il n'y a rien de vrai, & que tout est incertain, vous avancez cela même comme une chose véritable : car si vous l'avancez comme une fausseté, nous nous en tenons là, & nous n'avons que faire de chercher d'autre réponse.

Pourquoi donc soûtenez-vous qu'on ne peut rien comprendre ? Pourquoi défendez-vous que l'on n'affirme rien, puisqu'il est visible que vous comprenez,

prenez, & que vous affirmez ? Donc ces tenebres des doutes s'évanouïssent, les fondemens de la science ne sont point ébranlez, & toutes ces subtilitez des Academiciens & des Sceptiques sont détruites.

CHAPITRE IV.

Quatriéme Objection, que nôtre maniere de Philosopher ne fait point de Secte.

C'Est encore un grand sujet de reproche à faire à votre maniere de Philosopher, que ne faire point de corps, ni de véritable Systême de doctrine; car errante, vagabonde, incertaine comme elle est, ne se fixant à rien, n'ayant aucuns Principes, ennemie de toutes les autres Sectes, pourroit-elle s'attribuer le titre de Secte, qu'elle refuse à toutes les autres ?

CHAPITRE V.

Cinquiéme Objection, que lorsque nous disons qu'il n'y a rien de vrai ni de faux, ni de Démonstration, nous nous condamnons nous-mêmes.

De-plus vous qui tendez des pieges à tous les autres Philosophes, vous vous embarrassez vous-même dans des entraves, d'où toute l'addresse du monde ne vous peut dégager. Car lorsque vous dites qu'il n'y a rien de vrai ni de faux que l'Esprit humain puisse comprendre, ou cela est vrai, ou il est faux. Si cela est vrai, il y a donc quelque chose de vrai, & partant vous vous trompez, quand vous dites qu'il n'y a rien de vrai ni de faux. Si cela est faux, vous vous trompez encore, en avançant quelque chose de faux. Vous vous jettez dans un pareil embarras, lorsque vous dites qu'il n'y a point de Démonstration. Car, ou les argumens que vous apportez pour le prouver,

prouver, le prouvent, ou ils ne le prouvent pas. S'ils le prouvent, puisque prouver par argumens, c'est démontrer, il faut que vous avoüiez qu'il y a des Démonstrations. S'ils ne le prouvent pas, puisque vous aurez entrepris vainement de prouver qu'il n'y a point de Démonstrations, vous serez forcé d'avouër qu'il y a des Démonstrations.

CHAPITRE VI.

Sixiéme Objection, qu'on ne peut presque pas douter sans impieté, si Dieu n'a pas fait l'homme de telle sorte, qu'il se trompe toûjours.

VOici encore une autre batterie que l'on dresse contre vous. Si Dieu avoit fait l'homme de telle nature, qu'il se trompât toûjours, même dans les choses qui lui paroissent les plus évidentes, comme Des Cartes l'a proposé, il s'ensuivroit que Dieu seroit trompeur ; ce qu'aucun homme craignant Dieu, & d'un sens rassis, ne dira jamais, & moins encore

core un homme aussi sage que vous. Car Dieu est (*a*) *plein de Verité*; il est *la voye, la Verité, & la vie; il éclaire tout homme venant en ce monde*; tant s'en faut qu'il le forme de telle sorte, qu'il se trompe toûjours.

CHAPITRE VII.

Septiéme Objection, que cette Loi de douter semble empêcher l'Esprit de l'homme de se soumettre à la Foi, & favoriser la corruption des mœurs.

Enfin cette methode de douter, de suspendre son jugement, & de ne donner jamais son consentement; cette methode, dis-je, que vous croyez si propre à soumettre nos Esprits à la Foi, me semble au contraire les en éloigner: Car qu'y a-t-il de si éloigné de la soumission que l'on doit à la Foi, que de ne vouloir pas ajoûter Foi aux choses les plus évidentes? Qui sera celui, dont l'Esprit accoûtumé

(*a*) *Joh.* I. 14. & XIV. 6. & I. 9.

tumé par un long exercice, à résister au témoignage des Sens & à la force de la Raison, se soumettra volontiers aux mysteres de la Foi, qui sont obscurs de leur nature, & n'empruntent le secours ni des Sens, ni de la Raison.

Tertullien (*a*) en parle en homme sage : *Que fais-tu, téméraire Academicien? Tu renverses tout l'état de la vie; tu troubles tout l'ordre de la nature; tu rends aveugle la providence de Dieu, qui pour rendre ses ouvrages intelligibles, habitables, & pour nous les dispenser & nous en faire joüir, les a fait dépendre des Sens trompeurs & menteurs.* Il dit ensuite : *Il ne nous est pas permis de douter de la fidelité des Sens, de-peur que l'on n'en doute aussi en ce qui regarde le Christ, & que l'on ne dise peut-être qu'il aura vû faussement Satan précipité du Ciel; ou qu'il aura entendu faussement la voix du Pere lui rendant témoignage.* Saint Augustin (*b*) a parlé avec la même

(*a*) *Tertull. De Anim.* cap. 7.
(*b*) *Augustin. Enchirid. ad Laurent.* cap. 20. & *De Civit. Dei.* Libr. XIX. cap. 18.

même sagesse, lorsqu'il a dit : *Si vous ôtez le consentement vous ôtez la Foi ; parcequ'on ne croit rien sans le consentement*. Et dans un autre endroit, parlant des Academiciens, à qui toutes choses sont incertaines : *La Cité de Dieu*, dit-il, *déteste une telle methode de douter, comme une extravagance, ayant sur les choses qu'elle comprend par l'Entendement & la Raison, une science, petite à la verité (à cause du corps qui appesantit l'Ame, parceque, comme le dit l'Apôtre, Nous savons en partie) mais néanmoins très-certaine : & elle ajoûte foi aux Sens, dans l'évidence de chaque chose, desquels l'Entendement se sert par le corps : parceque ceux qui ne croyent pas qu'il faille jamais se fier à eux, se trompent d'une maniere bien plus digne de compassion.*

C'est assurément avec beaucoup de justice, que les Peres de l'Eglise prennent la protection de la Raison contre les Academiciens : Car si nous n'écoutons pas la Raison, ce fondement, *Dieu est*, sur lequel la Raison appuye la Religion Chrétienne, sera détruit. Ces premiers principes, qui

qui nous ſont connus par la lumiere naturelle, & d'où dépend la Foi, deviendront incertains ; une même choſe ne peut pas être, & n'être pas en même tems ; une même choſe ne peut pas être en même tems, cela, & autre choſe ; une même propoſition ne peut pas être en même tems vraye & fauſſe, être crue & n'être pas crue.

Toutes les conclusions Théologiques deviendront auſſi incertaines, ſi les deux propoſitions d'où elles ſont tirées ne ſont certaines d'une certitude divine : car ſi l'une des deux n'eſt certaine que d'une certitude humaine, & qu'elle ſoit ſeulement connue par la lumiere naturelle ; la conclusion qui ſelon la doctrine de l'Ecole, ſuit toûjours la plus foible des deux propoſitions, ne ſera certaine que d'une certitude humaine. Prenons pour exemple cette conclusion : Jeſus-Chriſt eſt un Animal raiſonnable, qui eſt tirée de ces deux propoſitions, Tout homme eſt Animal raiſonnable, Jeſus-Chriſt eſt homme. La premiere de ces deux propoſitions n'eſt certaine que d'une certitude humaine.

maine. L'autre est certaine d'une certitude divine.

Les motifs de credibilité, qui nous proposent les Mysteres de la Foi comme croyables, perdront aussi leur force & leur effet : car si ils ne paroissent pas croyables à l'Esprit avec certitude & évidence, mais seulement avec probabilité, la volonté se portera vers une chose inconnue, & l'Entendement croira avec imprudence, & non sans quelque crainte d'erreur. La Foi étant ainsi ébranlée, elle sera suivie de la corruption des moeurs : car quiconque pensera qu'il n'y a rien de vrai ni de faux, il pensera aussi qu'il n'y a rien de bon ni de mauvais ; & c'est ce que les Sceptiques n'ont pas eu honte de dire. Comment un Esprit prévenu de cette erreur, pourra-t-il refrener son libertinage ? Et c'est cette autre raison, & peut-être la principale, qui a obligé les Chrétiens à rejetter entierement la Secte des Pyrthoniens ; parcequ'elle détruit la Foi, & qu'elle corrompt les bonnes mœurs. C'est aussi ce qui a obligé le grand défenseur de la Verité, & de la pieté, St. Augustin, dont je viens

de

de vous raporter le témoignage, de combattre les Academiciens étant Chrétien, après avoir ſuivi leurs ſentimens étant Payen. C'eſt à vous de voir maintenant comment vous pourrez vous tirer de toutes ces difficultez, qui ne me paroiſſent pas aiſées à reſoudre.

CHAPITRE VIII.

On répond aux Objections de nos adverſaires.

POur moi, dit nôtre Provençal, je ne trouve pas ces difficultez ſi embarraſſantes qu'elles vous paroiſſent. Mais avant que d'entreprendre d'y répondre, il faut vous avertir, que c'eſt un des avantages que notre Philoſophie a par deſſus les autres : d'être fortement confirmée par les Objections qui détruiſent les autres. Car cela fait voir l'obſcurité des choſes, la foibleſſe des jugemens, & l'égalité du poids des raiſons contraires, qui ſe trouve en toutes choſes : puiſque dans les choſes même que nous ne ne proposons qu'en hésitant, & avec incertitude, nous ne sommes pas à couvert des contradictions ; desorte que nous ne saurions rien sçavoir ni rien ignorer avec assurance.

Il faut aussi vous avertir, que vous ne devez pas esperer davantage de vos Objections, que ceux qui ayant attaqué les Academiciens & les Sceptiques par une infinité de disputes, ont enfin reconnu qu'ils n'y avoient rien gagné. Car nous apprenons de Plutarque, *(a)* que cette Doctrine, après avoir été attaquée avec chaleur par d'excellens Philosophes & par une infinité de volumes, n'a pourtant point été entamée, & s'est conservée en son entier. Afin que vous en fassiez vous-mêmez l'épreuve, il faut examiner vos Objections.

(a) *Plutarch. contr. Colot.*

CHAPITRE IX.

Réponse à la premiere Objection.

VOus dites premierement que nous privons l'homme de ses Sens, que nous aveuglons son Esprit, que nous confondons le vrai & le faux, & partant que nous renversons tout l'usage de la vie. C'est une vieille plainte & usée, & souvent refutée par les anciens Academiciens & Sceptiques, qui ont répondu, comme je vous l'ai déjà dit, qu'autre chose est de vivre, autre chose de Philosopher.

Lorsqu'il s'agit de conduire sa vie, de s'acquitter de ses devoirs, nous cessons d'être Philosophes, d'être contrarians, douteux, incertains; nous devenons idiots, simples, crédules; nous appellons les choses par leurs noms; nous reprenons nos mœurs & notre Esprit; nous conformons nos mœurs aux mœurs des autres hommes, à leurs coûtumes, à leurs loix. Moi qui doutois tantôt si j'étois, s'il y avoit d'autres hommes, je bannis maintenant toutes ces pensées ; & comme étant assuré que je suis, & que les autres hommes sont, je mange, je bois, je marche, je vais voir mes Amis, je les saluë, je les entretiens, j'affirme, je nie ; j'assure que cela est vrai, que cela est faux. Car comme dit Ciceron : (*a*) *Il y a grande différence entre la subtilité avec laquelle on recherche la Verité dans la dispute, & celle avec laquelle on ajuste son discours à l'opinion commune.*

Mais, me direz-vous, cela même fait votre conviction ; car vous vous trouvez convaincus par vôtre expérience & par l'usage de la certitude des choses dont vous aviez douté, & cette nécessité vous retire de votre égarement & vous remet dans le bon chemin. N'est-ce pas, une cho- ordinaire & usitée, de nous servir de plusieurs choses comme véritables, & d'en jouïr, quoique nous sachions bien qu'elles sont incertaines,

(*a*) *Ciceron. Offic.* Libr. II.

nes, où même entierement fausses.

Les Astronomes ont inventé de certaines descriptions des Orbes célestes, qu'ils appellent des Systêmes & des Hypotheses. Ils ne les croyent point veritables, & ne les donnent point comme telles; & en effet elles ne peuvent être toutes veritables, l'Hypothese de Copernic étant différente de celle de Tycho, & l'une ne détruisant l'autre. Chacun d'eux se sert pourtant utilement de son Hypothese, pour expliquer les mouvemens des Astres, & pour prédire les Eclipses du Soleil & de la Lune. Il est faux que la Terre ne soit qu'un point; & néanmoins dans l'usage de l'Astronomie, dans la description des Quadrans Solaires, on suppose cela comme certain.

Dans cette partie que l'on appelle l'Analyse, on a coûtume de supposer la chose que l'on cherche & qui est inconnuë, comme veritable & connuë, & par-là on vient à la connoissance de ce que l'on cherchoit. Combien les hommes préparent-ils de secours pour leur vieillesse, à laquelle ils ne savent pas s'ils parviendront.

Un

Un Voyageur qui ne ſçait point le chemin qu'il doit tenir, ne s'arrête pas pourtant dans le carrefour qu'il rencontre.

CHAPITRE X.

Réponſe à la ſeconde Objection.

PAr votre ſeconde Objection, vous prétendez que j'éteins la lumiere de la ſcience, & que je répans les ténébres d'une profonde ignorance. N'avez-vous point autre choſe à me dire que ce qui a déjà été dit cent fois? J'attendois quelque choſe de vous, plus nouveau, & plus exquis. Contre cet argument ſuranné, j'uſerai d'une réponſe qui n'eſt pas vaine, & dont je me ſuis déjà ſervi, que vous nous attribuez ſans raiſon la faute de la nature, ſi toutefois on peut dire que la nature ſoit capable de quelque faute.

Celui qui a dit que l'homme étoit un bouillon d'eau, eſt-il cauſe que l'homme n'eſt qu'un bouillon? Si je dis que l'homme ne peut pas regarder le Soleil, suis-je responsable de la foiblesse de ses yeux ? Ecoutez ce que dit Seneque (a) : *La Verité est profondement cachée, & nous ne pouvons pas nous plaindre de la malignité de la nature, parceque rien n'est difficile à découvrir, que les choses dont la découverte ne rapporte point d'autre fruit que d'avoir été découvertes. Tout ce qui peut nous rendre meilleurs, & plus heureux, a été mis par la nature devant nous ou près de nous.* C'est donc sans sujet que le même Seneque (b) se plaint en un autre endroit, que la Philosophie qui enseigne à douter, ne nous fournit aucune lumiere qui conduise notre Esprit à la Verité ; mais qu'elle se crêve les yeux à elle-même.

Cette Philosophie ne se crêve point les yeux ; mais elle vous avertit de votre aveuglement, vous qui croyïez avoir des yeux fort clairvoyans. De même que celui qui dit qu'une taupe n'a point d'yeux, ne crêve pas les yeux

(a) *Senec. De benef.* Libr. VII. cap. 1.
(b) *Senec.* Epist. 88.

yeux de la taupe. Si votre vaine opinion vous fait plaisir, si vous aimez que l'on vous flatte, si vous voulez paroître sçavoir ce que vous ne sçavez pas, jouïssez de votre erreur; mais qu'il nous soit permis d'ignorer ce que nous ignorons. Nous ne nous relâcherons pas pour cela dans l'étude de la science; nous ne renoncerons pas au travail & aux Bonnes Lettres; car tandis que vous cultiverez les Sciences, dans la veine esperance de connoître la Verité, nous les cultiverons de notre côté, dans l'esperance de trouver ce qui est de plus probable & de plus vraisemblable.

Accuserez-vous de paresse & d'ignorance tant d'excellens Philosophes dont nous avons opposé un si grand nombre aux Dogmatiques? Certainement si nous voulons leur rendre justice, nous les reconnoîtrons pour les Auteurs & les Princes de la plûpart des Sciences & des Beaux Arts. Ce n'a donc pas été de-peur de l'ignorance, que ces Philosophes pleins de vent ont rejetté la Secte d'Arcesilas, de Carneade & de Pyrrhon; mais ils l'ont rejettée de-peur

 d'être

d'être contraints d'avouër leur ignorance. Il faut ajoûter à cela, que ne nous attachans à aucune Secte, & suivans seulement la probabilité, nous sommes obligez de peser les argumens des partis opposez, comme le pratiquent les Accademiciens : ce qui ne se peut faire sans baucoup d'étude, & d'érudition. Les Dogmatiques au contraire s'appliquent uniquement à connoître la nature, la constitution, & les argumens de la Secte qu'ils ont embrassée, sans se mettre en peine du reste. C'est ainsi qu'en usent aujourd'hui la plûpart des Professeurs de la Doctrine d'Aristote.

Après avoir appris cette méthode de Philosophie, que l'on enseigne dans les Ecoles, & qu'ils l'ont réduite en préceptes proportionnez à la portée de leurs Disciples, ils se soucient fort peu de ce qu'ont pensé Platon, Epicure, & Zenon. Ils ne se donnent pas la peine de lire Aristote, & ils ne savent pas même si la Doctrine des Peripateticiens, qu'ils font profession d'enseigner, est veritablement la Doctrine des Peripateticiens. Epicure lui-même, après s'être contenté

tenté de replâtrer la Doctrine de Democrite, il ne méprisa pas tant les autres Sciences, qu'il fit semblant de les mépriser, pour cacher son ignorance, prétendant qu'elles étoient inutiles pour acquerir la veritable science; quoique cependant Nausiphane, qui lui avoit enseigné la Philosophie, & qui avoit été Disciple de Pyrrhon, fût un très-sçavant homme. Et dans la suite plusieurs Academiciens, & même plusieurs Sceptiques, sont parvenus à un haut degré d'érudition.

Pour Des Cartes, quoiqu'il eût étudié avec soin les Anciens Philosophes, & plusieurs des modernes, il affectoit cependant de paroître les ignorer, pour être cru l'unique inventeur de sa Doctrine. En quoi plusieurs de ses Disciples l'ont trop suivi; car ils ont imité sa feinte ignorance par une ignorance véritable. Cependant ces défenseurs de l'ignorance, ces ennemis de l'érudition, ce qui ne paroît que trop par leurs Ouvrages, ne laissent pas pourtant de redire toûjours la même chanson contre les Academiciens, & de les accuser d'une profonde ignorance : parceque, disent-ils, par la profession qu'ils font de ne rien sçavoir, ils se reconnoissent les plus ignorans de tous les hommes. Comme si lorsqu'ils ne savent rien, ils avoüoient que les autres en savent plus qu'eux.

Mais ces Philosophes si attentifs, qui nous recommandent l'attention par tous leurs Ouvrages, auroient dû faire attention, que le mot de *sçavoir* est équivoque, & qu'autre chose est de sçavoir avec une entiere évidence, & une parfaite certitude ; autre chose de sçavoir probablement ; que les Academiciens savent de cette derniere maniere, ainsi que tous les autres hommes ; mais que personne ne sçait de la premiere maniere. Ils disent que les Academiciens affectent de paroître douter de toutes choses, & même des plus certaines, pour se donner dans le Public la réputation de Gens d'Esprit. C'étoit donc pour paroître Gens d'Esprit, que les Cartesiens, & Des Cartes avant eux, vouloient que pour connoître la Verité, on se dégageât l'Esprit des opinions dont on étoit prévenu, & qu'ils appellent

pellent des Préjugez. Mais il est aisé d'appercevoir, & par ce reproche qu'ils font, & par tous leurs Ouvrages, qu'ils n'ont aucune teinture de la belle Litterature, & qu'ils n'ont même jamais sçu quels ont été les sentimens des Academiciens & des Sceptiques.

CHAPITRE XI.

Réponse à la troisiéme Objection.

PAssons à votre Objection, par laquelle vous nous voulez faire accroire que nous voyons ce que nous ne voyons point, je veux dire le vrai & le faux, & que nous les pouvons discerner à de certaines marques qui les distinguent. Il est veritablement assez surprenant que vous sachiez ce que je vois, & que je ne le sache point. J'ai dit qu'il se trouve dans les choses une apparence de Verité que nous suivons. Vous inferez delà que nous avons une Régle de discernement entre le vrai & le faux, puisque cette apparence de Verité est ce qui nous fait discerner le vrai d'avec d'avec le faux. Mais cette apparence de Verité n'est pas une marque certaine de Verité, qui étant apperçue nous fasse connoître, que ce qui la porte est veritable; c'est seulement une apparence extérieure, laquelle étant apperçue dans quelque objet, nous fait dire, non pas que la Verité s'y rencontre, puisque cette même apparence se rencontre quelquefois avec la fausseté; mais seulement que la vraisemblance & la probabilité s'y rencontre.

Car comme Zeuxis ayant vû l'image d'un rideau peint dans le tableau de Parrhasius, trompé par la ressemblance, crut que c'étoit effectivement un rideau; si après avoir reconnu son erreur il eût vû un rideau effectif étendu sur le tableau, il eût douté si ç'auroit été veritablement un rideau; & il eût cru seulement qu'il y auroit eu là une apparence de rideau, soit veritable, soit faux, jusqu'à ce qu'il eût examiné de plus près la Verité. Nous pareillement ayant remarqué souvent dans les choses une apparence de Verité, où nous avons sçu que la Verité ne se rencontroit pas, lorsque

que cette même apparence de Verité se présente à nous, nous devons penser, si nous sommes sages, que la vraisemblance se trouve là, mais non pas la Verité ; & qu'une telle vraisemblance peut provenir de la Verité & de la fausseté. Tant s'en faut donc que cette apparence soit une Regle pour discerner le vrai & le faux, (puisque nous avons reconnu qu'elle est commune au vrai & au faux) nous nous resolvons de nous abstenir à l'avenir de discerner le vrai du faux, & d'y donner notre créance & notre consentement.

Mais, direz-vous, pour reconnoître la vraisemblance, il faut connoître auparavant la Verité : Car je ne puis pas savoir si le portrait de Pierre ressemble à Pierre, si je ne connois Pierre auparavant. Or les connoissances que nous avons, & de la Verité, & de Pierre, sont également incertaines : car nous n'avons ces connoissances que par des Idées qui se trouvent dans notre Esprit : & je vous ai fait voir fort au long, que des Idées sont des marques très-incertaines de la Verité des choses.

Et

Et parce que nous n'avons aucune Regle de Verité, à laquelle nous puissions appliquer nos Idées, l'Idée de Pierre, qui est provenue de Pierre, est aussi incertaine que l'Idée de la Verité que je me suis formée ; & je ne suis pas plus assuré que l'Idée que j'ai de Pierre est véritable, que l'Idée que j'ai de la Verité. De même donc que lorsque je dis que l'image de Pierre est semblable à Pierre, cela signifie que l'Idée que j'ai de l'image de Pierre me paroît semblable à l'Idée que j'ai de Pierre ; ainsi quand je dis que l'apparence de Verité que je trouve dans un objet est vraisemblable, c'est-à-dire, est semblable à la Verité, cela signifie que l'Idée que j'ai de cette apparence, me paroît semblable à l'Idée que j'ai du vrai.

Quant à ce que vous ajoûtez, que si l'on ne connoît le vrai, l'on connoît au moins le vraisemblable ; parceque quand nous disons que l'apparence de Verité se trouve dans quelque chose, nous connoissons cela, & nous l'affirmons ; & que quand nous suivons cette apparence, ou ressemblance

ressemblance de Verité, nous y donnons notre consentement ; & partant que nous n'avons pas raison de dire que l'homme ne peut rien comprendre, qu'il ne doit rien affirmer, qu'il ne doit jamais donner sa créance : il est aisé de vous répondre : Car lorsque je dis que je découvre en quelque chose une apparence de Verité, je veux dire que j'ai deux Idées empreintes dans mon Esprit ; savoir l'Idée de l'apparence de la Verité, & l'Idée de la Verité ; lesquelles étant comparées ensemble, me paroissent semblables. Comme quand je vois Pierre, l'Idée de Pierre se trouve aussi-tôt dans mon Esprit. Et parceque je ne puis pas comparer l'Idée de Pierre avec Pierre même, parceque Pierre n'est pas dans mon Esprit, mais seulement son Idée ; l'origine de cette Idée est entierement incertaine, ainsi que la ressemblance qu'elle a avec la chose qu'elle représente ; & je ne connoîtrai jamais par elle avec certitude & avec évidence, que Pierre est là présent. Cela me paroît néanmoins probable, parce qu'en d'autres rencontres des Idées sembla-

bles

bles entr'elles m'ont paru signifier une convenance avec les choses.

Or comme la Verité n'est autre chose, comme je l'ai dit, que le raport & la convenance de l'objet exterieur avec le jugement que fai notre Entendement, en veüe de l'Idée provenue de cet objet : de même la vraisemblance n'est autre chose que l'apparence du raport & de la convenance de l'objet exterieur, avec le jugement que forme mon Esprit, en veüe de cette Idée. Quand j'applique donc mon Esprit pour considerer l'Idée de Pierre qui est en moi, il me semble y appercevoir une certaine apparence de raport & de convenance avec Pierre. Je compare ensuite l'Idée de cette apparence avec l'Idée de Pierre; & les trouvant semblables, je dis que cette apparence est vraisemblable.

Donc, dites-vous, nous connoissons du moins que ces Idées sont semblables. Nullement ; car connoître c'est savoir très sûrement & très-évidemment. Or je ne connois pas toutes les Idées que j'ai dans mon Entendement. Plusieurs traits, plusieurs

sillons,

fillons, plusieurs traces se forment dans mon Esprit, sans que je le sache & sans que j'y pense ; une grande quantité d'esprits se porte à mon cerveau, une grande quantité s'en retire ; ils sont agitez en diverses manieres. De là vient que sans le vouloir je retiens & j'oublie une infinité de choses ; je ne me sens pas toûjours la même force d'Esprit ; je ne me sers pas toûjours également de ma Raison ; & par conséquent je ne suis pas maître des Idées des choses ; je ne suis pas assez instruit de la nature des Idées, de leurs causes, de leur origine & de leur extinction ; & cela fait que je ne connois pas assez sûrement leurs ressemblances. Or je ne puis pas assurer avec certitude ce que je ne connois pas avec sûreté.

Je crois vous avoir suffisamment prouvé, que la fidélité du cerveau est douteuse, & que nous ne connoissons point la nature de notre Entendement. Or il y a des images dans le cerveau, à savoir ces traits qui y sont imprimez par le mouvement des esprits & des nerfs. C'est de là que l'Entendement forme des Idées, qu'il

compare

compare entre elles, & y trouve des ressemblances. Quelle connoissance certaine & indubitable puis-je donc tirer des instrumens d'une foi douteuse ? Que puis-je affirmer sans une perception sûre & constante ? Quand donc un Academicien dit qu'il n'y a rien de vrai, que tout est incertain, qu'on ne sçait rien, il n'avance pas ces propositions affirmativement ; mais narrativement. C'est-là que doit avoir lieu cette exception de Carneade & des Sceptiques, que j'ai déja alleguée, savoir que ces propositions s'enferment elles-mêmes, & que quand quelqu'un dit qu'on ne peut rien connoître, il n'en excepte pas cela même qu'il dit, & que son discours se détruit en détruisant tous les autres discours : comme lorsque Samson s'enveloppa sous la même ruine, dont il écrasa tous ses Spectateurs.

L'Objection d'Aristocle (*a*) ne nous ébranle pas, lorsqu'il dit que si ces propositions, par lesquelles nous détrui-

(*a*) *Aristocl. apud. Euseb. Pref.* Libr. XIV. cap. 18.

truisons les autres, sont incertaines, & se détruisent elles-mêmes, il est inutile de nous en servir, & qu'elles ne prouvent rien. Elles ne sont pas inutiles, & nous ne nous en servons pas vainement, si elles détruisent les autres propositions en se détruisant elles-mêmes : car c'est seulement pour cela qu'on les employe, & non pas pour les établir & les soûtenir.

CHAPITRE XII.

Réponse à la quatriéme Objection.

IL nous importe peu que vous refusiez à notre doctrine, le titre de Secte & de Philosophie : car pourvû que la chose subsiste, nous ne nous mettons guéres en peine du nom qu'on lui voudra donner. Ne l'appellez point Secte, mais le balai de toutes les Sectes ; appellez-la (*a*) *la Philosophie de ne point philosopher*, comme

(a) *Lactant.* Libr. III. cap. 1.

me quelques-uns l'ont appellée, j'y consens. Nous aurions mauvaise grace d'usurper le titre de Secte, lorsque nous le refusons aux autres, puisque nous ne connoissons pas mieux qu'eux la Verité dont l'ignorance nous leur fait refuser ce titre.

Nous demeurons volontiers d'accord, qu'Arcesilas s'est percé du même trait dont il a percé tous les autres Philosophes, comme Lactance (*a*) le lui a reproché. La Philosophie Dogmatique, & la Philosophie Aporetique, c'est-à-dire, la Philosophie affirmative & la Philosophie qui apprend à douter, auront un même sort. Mais nous aurons cet avantage sur eux, qu'ils ne savent pas qu'ils ne savent rien, & que nous le savons, quoiqu'incertainement & en doutant. De plus, ils ne nous contestent pas la vraisemblance que nous suivons, & nous leur refusons la Verité qu'ils recherchent.

Puisque nos vûes vont donc plus loin que les leurs, & que nous avons pour

(*a*) *Lactant.* Libr. III. cap. 5.

pour nous notre suffrage & le leur, & qu'ils n'ont que le leur seul ; nous méritons mieux qu'eux ce nom éclatant de Philosophes, & nous avons plus de droit qu'eux au titre de Secte. De-plus, ils sont sujets à se tromper, ce qui est indigne de gens qui se qualifient Philosophes : mais nous qui n'affirmons rien, & qui suspendons notre jugement en toutes choses, tant que nous demeurerons en cet état, nous ne nous tromperons point, & nous ne pourrons nous tromper.

Laquelle donc de leur doctrine, ou de la nôtre, méritera mieux le nom de Secte ? Sera-ce celle, qui prenant des Dogmes incertains pour des véritables, & en tirant des conséquences qui ne sont pas plus certaines, & les mettant par ordre, & en composant un Systême ; les soûtient comme véritables, & s'y attache avec opiniâtreté ? Ou celle qui n'avançant aucuns Dogmes, n'affirmant rien, ne niant rien, se contente de proposer ce qui lui paroît probable, & donne pour vraisemblable ce qui est vraisemblable, & en forme un espece de tissu ? Lesquels sont mieux logez & plus sûrement, ou ceux qui de foibles roseaux & presque cassez, bâtissent une haute maison, & s'y logent ? Ou ceux qui ayant reconnu la foiblesse de ces materiaux, & n'en trouvant point de plus solides, craignans d'être écrasez de la chute d'un tel bâtiment, & d'être enveloppez sous ses ruines, choisissent pour leur retraite le fond d'un rocher, & une caverne naturelle, & y mettent leurs meubles, & leurs provisions en assurance ?

Ces probabilitez même que nous suivons, se peuvent fort bien arranger en forme de Systême, composé de toutes ses parties, & en état de se défendre contre toutes les attaques des Dogmatiques. Sextus Empiricus en est un bon témoin, qui nous a laissé une exacte description de cette doctrine modeste des Sceptiques, composée de toutes ses parties, bien liées & bien unies entr'elles. Le tems a consumé plusieurs autres Ouvrages, qui enseignoient ce que Sextus a enseigné.

CHAPITRE

CHAPITRE XIII.

Réponse à la cinquiéme Objection.

NOus nous demêlerons aussi sans peine de ces filets que vous nous tendez, & que vous croyez insurmontables, lorsque vous raisonnez ainsi: Si lorsque nous soûtenons qu'il n'y a rien de vrai ni de faux, nous disons vrai, il s'ensuit qu'il y a donc quelque chose de vrai, & partant que nous nous trompons. Que si en disant qu'il n'y a rien de vrai & de faux, nous ne disons pas vrai, il s'ensuit que nous nous trompons encore, en avançant une chose fausse. Cet argument revient à ce que vous nous avez déja objecté, que lorsque je dis qu'on ne peut rien comprendre & qu'il ne faut rien affirmer, je comprens du moins cela & je l'affirme. Il faut donc nous servir de la même réponse, savoir que lorsque je dis qu'il n'y a rien de vrai ni de faux, cette proposition s'enferme elle-même, & qu'elle n'est pas exceptée de la loi générale qui prononce, qu'il n'y a rien de vrai ni de faux.

Vous

Vous verrez mieux à quoi aboutit cet argument, si nous le mettons en forme, comme vous l'allez voir. Lorsque je dis qu'il n'y a rien de vrai ni de faux, en disant cela, ou je dis le vrai ou je dis le faux. Si je dis le vrai, j'ai donc dit le faux quand j'ai dit qu'il n'y a rien de vrai ni de faux. Si je dis le faux en disant qu'il n'y a rien de vrai ni de faux, cette proposition que j'ai avancée est donc fausse, savoir qu'il n'y a rien de vrai ni de faux. D'où il s'ensuit, que soit que j'aye dit le vrai, soit que j'aye dit le faux, en avançant cette proposition qu'il n'y a rien de vrai ni de faux, cette proposition est fausse.

Pour réponse à ce raisonnement, je ne vous accorde pas la premiere proposition dont il est composé, c'est-à-dire, la majeure, que voici. Lorsque je dis qu'il n'y a rien de vrai ni de faux, en disant cela, ou je dis le vrai, ou je dis le faux : car c'est une manifeste petition de principe, (pour me servir des termes des Dialecticiens) puisque vous prenez ce qui est en question pour une chose constante, & qui vous ait été accordée, en sup-

posant

posant qu'il n'y a point de proposition qui ne soit vraye ou fausse; car nous vous soûtenons qu'il n'y a rien de vrai ni de faux. Votre raisonnement étant donc fondé sur cette propositon qui est incertaine & douteuse, la conclusion que vous en tirez est nulle.

On apporte dans les Ecoles l'exemple d'un argument semblable, qu'ils appellent Asystate, c'est-à-dire, qui ne peut subsister. Ils supposent qu'un homme a songé en dormant qu'il ne faut point croire aux songes, & sur cela voici comme ils raisonnent. Si cet homme croit à ce songe, il croira en même-tems, & ne croira point aux songes: il croira aux songes, puisqu'il croit à ce songe: ilne croira point aux songes, puisqu'il croit à ce songe qui défend de croire aux songes. Que si cet homme ne croit point à ce songe, il croira encore en même-tems, & ne croira point aux songes. Il croira aux songes, puisqu'il obéira au précepte de ce songe, qui défend qu'on ne croye aux songes. Il ne croira point aux songes, puisqu'il ne croit point à ce songe qui défend de croire aux songes. Ces propositions semblent se contredire & se détruire les unes les autres ; mais la solution est la même que celle des précédentes ; car ce songe en dérobant la créance aux autres songes, se la dérobe à soi-même. Ce songeur ne refusera donc pas sa créance aux autres songes, parcequ'il croit à celui-là ; mais étant seulement averti par celui-là, & non pas persuadé, il tiendra tous les songes pour faux, & celui-là comme les autres.

Nous n'aurons pas plus de peine à réfuter ce que vous nous avez donné pour une démonstration. Les preuves, dites-vous, que nous apportons pour montrer qu'il n'y a point de démonstration, ou elles prouvent qu'il n'y a point de démonstration, ou elles ne le prouvent pas. Si elles le prouvent, il y a donc des démonstrations, puisque une preuve qui se fait par raison est une démonstration. Si elles ne le prouvent pas, il y a donc encore des démonstrations, puisque les preuves que vous avez apportées pour montrer qu'il n'y a point de démonstration, ne le prouvent pas.

Pour réponse à ce raisonnement, je

je vous dis que vous ſuppoſez encore comme veritable, & comme une choſes accordée, ce qui eſt en conteſtation ; ſçavoir que toute argumentation, c'eſt-à-dire, toute preuve qui ſe fait par raiſon, prouve, ou ne prouve pas. Quand j'ai entrepris de prouver qu'il n'y a point de démonſtration, la preuve dont je me ſuis ſervi pour cela ſe renferme ſoi-même avec toutes les autres preuves, & ſe détruit. Donc, direz-vous, ſi cette preuve eſt vaine & ſans effet, il s'enſuit qu'il y a des démonſtrations, puiſque la preuve que j'ai apportée pour montrer qu'il n'y a point de démonſtration eſt ſans effet. J'avoüe que cette preuve n'eſt pas veritable, puiſqu'il n'y a rien qui ſoit conſtamment vrai : j'avoüe qu'elle ne conclut rien de certain, puiſqu'il n'y a rien qui ſoit inconteſtablement certain. Je dis qu'elle eſt ſeulement vraiſemblable, & ce qui n'eſt que vraiſemblable ne conclut rien de certain ; ce qui eſt pourtant néceſſaire pour une démonſtration.

C'eſt une pure badinerie, que cet autre argument que nous oppoſent les Epicuriens, lorsqu'ils disent que nous sçavons ce que c'est que démonstration, ou nous ne le sçavons pas. Que si nous le sçavons, il s'ensuit qu'il y a des démonstrations. Si nous ne le sçavons pas, nous sommes fort malavisez de combattre une chose que nous ne connoissons pas.

Pour réponse à cet argument, je dis qu'il prouve trop, & par conséquent qu'il ne prouve rien. Il prouve trop, parcequ'il peut être employé contre tous ceux qui nieront que quelque chose existe; comme, par exemple, contre ceux qui diront qu'il n'y a point d'Hippogryphe: Car les Epicuriens leur diront, qu'ils sçavent ce que c'est qu'un Hippogryphe, ou ils ne le sçavent pas. S'ils le sçavent, il s'ensuit qu'il y a des Hippogryphes. S'ils ne le sçavent pas, ils sont malavisez de combattre une chose que nous ne connoissons pas. Il n'y a ni démonstrations, ni Hippogryphes; mais on peut se former des Idées des choses qui n'existent pas, & en raisonner comme si elles existoient.

CHAPITRE

CHAPITRE XIV.

Réponse à la sixiéme Objection.

VOus dites ensuite, que si Dieu nous avoit formez de telle sorte que nous nous trompassions toûjours, même dans les choses les plus claires, nous serions forcez d'avoüer que Dieu seroit trompeur; ce que l'on ne peut ni dire, ni penser sans impieté. C'est à Des Cartes à répondre à cet Objection, puisqu'il est Auteur de ce raisonnement, que j'ai seulement rapporté sans l'approuver; car notre Sainte Religion nous enseigne autre chose. Mais figurez-vous que vous ayïez affaire à Des Cartes, il ne manquera pas de vous dire, que quand Dieu nous auroit créez de telle nature que nous nous trompassions toûjours, il ne faudroit pas dire pour cela qu'il fût trompeur: Car puisqu'il nous a créez de telle nature que nous nous trompons quelquefois, & que cependant on ne peut pas pour cela l'appeller trompeur on ne pourroit pas non-plus l'appeller trompeur, quand nous nous tromperions toûjours.

De-plus, quand Dieu nous auroit formez de telle nature que nous nous trompassions toûjours, cela ne suffiroit pas pour pouvoir dire que Dieu seroit trompeur; mais il faudroit outre cela, qu'il nous eût faits de telle sorte, qu'étant toûjours trompez nous crussions certainement que nous ne serions pas toûjours trompez. De même qu'on ne peut pas accuser d'être menteur, celui qui raconte des fables; mais bien celui qui racontant des fables, veut persuader à ceux qui l'entendent, qu'il leur dit des choses veritables. De même encore, qu'on ne peut pas accuser d'être trompeur un homme qui vend une maison bâtie de mauvais matériaux & ruineuse; mais bien celui qui vendant une maison si mal conditionnée, auroit assuré qu'elle seroit saine & entiere. On estimera au contraire sa probité, si en vendant cette maison, il en a fait connoître les défauts

Telle est la conduite que Dieu tient avec les hommes. Il nous a fait connoître

noître que nos Sens sont infidéles, que notre Raison est trompeuse, que notre Esprit est foible, que nos perceptions sont obscures & incertaines. Il nous en a avertis par les oracles de sa parole, que j'ai rapportez ci-dessus; par la nature même de nos Sens & de notre Raison, & par notre expérience. Car ayant éprouvé que nous nous trompons souvent, nous avons dû penser que nous pouvons nous tromper toûjours; ou que s'il arrive quelquefois que nous ne nous trompions pas, nous ne pouvons sçavoir que nous ne nous trompons point alors. En cela Dieu nous fait voir qu'il est *plein de Verité*, & la Verité même, nous avertissant que nous sommes sujets à l'erreur, & que nous errons souvent, & nous sollicitant par des exhortations intérieures & continuelles, que nous attendions une connoissance certaine de la Verité, non pas des Sens & de la Raison; mais de lui par la Foi.

Mais de-plus, il nous a été plus avantageux que Dieu nous ôtât la connoissance de la Verité, que s'il nous eût dressé un chemin ouvert & aisé pour y parvenir ; car lorsque nous aurons bien reconnu, que nous ne pouvons connoître la Verité avec une entiere certitude & une parfaite clarté, nous suspendrons notre jugement, & nous ne nous tromperons jamais. Au contraire, nous nous tromperons souvent, si nous esperons acquérir la connoissance de la Verité. C'est ainsi que Des Cartes pourra se défendre de votre attaque. Mais ce sont ses affaires, nous ne sommes pas garants de ses opinions.

CHAPITRE XV.

Réponse à la septiéme Objection.

VOus finissez par cette importante Objection, qu'en suspendant notre jugement & notre consentement, nous nous éloignons de la soumission que nous devons à la Foi, & nous donnons entrée à la corruption des mœurs. Mais nous ne manquons pas de moyens de concilier la Foi & la Raison, & il est bien certain que la

Foi

Foi n'a rien à craindre de la part de la Raiſon ; car la Raiſon a ſa lumiere, quoique foible & obſcure ; mais elle ne peut pas tirer de cette lumiere, non-plus que des Sens & de la nature, tout le ſecours néceſſaire pour acquérir une connoiſſance certaine & inébranlable de la Verité. Mais pour les connoiſſances que nous avons, par cette lumiere divine qui éclaire notre Entendement au-deſſus des Loix de la nature, nous devons nous y ſoumettre ſans réſiſtance ; & quand nous avons reçu la Foi, nous ſommes obligez de régler nos mœurs ſuivant ſes préceptes. Mais quand nous n'aurions pas cette Sainte régle, nous avons les loix & les coûtumes, qui nous en ſerviroient pour la conduite de notre vie.

Quant à cette vehemente déclamation de Tertullien (*a*) en faveur des Sens, qu'en négligeant leur témoignage nous renverſons l'état de la vie, nous troublons l'ordre de la nature, nous rendons aveugle la providence

(a) *Tertull. De Anim.* cap. 7.

vidence de Dieu. Ce sont de vieilles plaintes des Dogmatiques, ausquelles j'ai suffisamment satisfait par tout ce qui vient d'être dit : & assurément il ne devoit pas tirer sa preuve de l'humanité de Jesus-Christ, qui a été jointe à la Divinité, & n'a pas été moins exempte d'erreur que de péché. Pour les Apôtres, & les autres Saints, dont les actions & les paroles servoient à la propagation de la Foi, Dieu a conservé en eux toute la fidélité & la certitude de la Raison & des Sens, dont la nature humaine est capable, & les a défendus de l'erreur par les secours de sa Grace.

J'accorde à Saint Augustin (a) que sans le consentement il n'y a point de Foi ; mais je dis que ce consentement que demande la Foi, est d'un autre genre que celui que demande la Raison. Il bannit les doutes de la Cité de Dieu, & avec justice, si on fait entrer ces doutes dans les choses de la Foi, & qu'elles donnent atteinte à la

(a) *Augustin. Enchir. ad Laurent.* Cap. 20. & *De Civit. Dei.* Lib. XIX. Cap. 18.

la Foi. Il assure que nous pouvons acquerir une science très-certaine par la Raison : je l'avoüe; mais cette science sera très-certaine d'une certitude humaine, & Saint Augustin reconnoît ailleurs que cette certitude humaine est foible & imparfaite ; que l'Entendement humain plongé dans les ordures de la chair, & enveloppé des ténébres de l'erreur, ne voit qu'obscurément, & ne peut envisager la lumiere de la Verité. Suivons vos autres Objections.

Si nous n'écoutons pas la Raison, dites-vous, vous renversez ce fondement de la Religion, que la Raison a établi dans notre Entendement, *Dieu est*. Pour répondre à cette Objection, il faut vous dire que les hommes connoissent Dieu en deux manieres. Ils le connoissent par la Raison, d'une entiere certitude humaine, & ils le connoissent par la Foi, d'une entiere certitude divine. Quoique par la Raison nous ne puissions acquerir aucune connoissance plus certaine que la connoissance de Dieu, desorte que tous les argumens que les impies opposent à cette connoissance,

sance, n'ont aucune force, & se refutent aisément; néanmoins cette certitude n'est pas entierement parfaite.

De-là vient que les Peres de l'Eglise croyent à peine que celui-là connoisse Dieu, qui ne le connoît que par la Raison & non par la Foi, & qu'ils ne comptent presque pour rien la connoissance de Dieu, que l'on a par la Raison. Car que signifient ces paroles de Tertullien (a) que j'ai déjà rapportées? *A qui Dieu est-il connu sans le Christ? A qui le Christ est-il connu sans le Saint Esprit? A qui le Saint Esprit s'addonne-t'il sans le Sacrement de la Foi?* Que veut dire Saint Athanase, (b) lorsqu'il nous enseigne que la Divinité ne se persuade point par des raisonnemens; mais par la Foi, & par de Saintes méditations qui se font avec pieté? Que veut dire Saint Chrysostome, (c) lorsqu'il se moque des Philosophes, qui ne vouloient pas croire que le monde eût été créé du néant, & qui croyoient sans

(a) *Tertull. De Anim.* Cap. 2.
(b) *Athanas. ad Serapion.*
(c) *Chrysost. Hom.* 22. *in Epist. ad. Hebr.*

ſans peine que Dieu n'avoit point de commencement, & n'avoit point été engendré, quoique cela ſoit bien moins croyable, & que l'on ne ſache ni l'un ni l'autre par la Raiſon, mais par la Foi ?

Que veut dire Pierre d'Ailly, (*a*) lorſqu'il parle ainſi : *Quoique cette propoſition, Dieu eſt, ne nous ſoit pas évidente, & qu'elle ne ſe puiſſe pas démontrer évidemment, elle eſt pourtant naturellement probable.* Témoignage allegué par Gabriel Biel, (*b*) lorſqu'il déclare que *l'on connoît ſuffiſamment, quoique non pas évidemment, qu'il faut qu'il y ait un premier Etre Auteur de la conſervation, comme il y a un premier Etre Auteur de la production.* Que veut dire Saint Thomas, (*c*) lorſqu'il raiſonne ainſi ? *La Raiſon humaine eſt fort défectueuſe dans les choſes humaines ; & ce qui le montre, c'eſt que les Philoſophes qui ſuivant la nature ſe ſont appliquez à la*

(*a*) *Petr. de Alliaco in* 1. *Quaſt.* 3. Liv. *x.*

(*b*) *Biel in* 1. *Diſt.* 2. *Quaſt.* 10. *Art.* 3. *Dub.* 1.

(*c*) Thom. 2. 2. Q. 2. A. 4.

à la recherche des choses humaines, se sont souvent trompez, & se sont contredits les uns les autres. Pour faire donc ensorte que les hommes eussent une connoissance indubitable & certaine de Dieu, il a falu que les choses divines leur fussent enseignées comme articles de Foi, & comme des paroles de Dieu qui ne peut mentir.

Or quoique pour prouver l'Existence de Dieu on puisse apporter des argumens, qui joints ensemble n'ont pas moins de force pour convaincre les Esprits, que les Principes Geometriques & les Theorêmes qui en sont tirez, & qu'ils ayent une entiere certitude humaine; néanmoins parceque d'habiles Philosophes ont ouvertement combatu ces Principes, il est clair que ni dans cette connoissance naturelle que nous avons de Dieu, & que nous acquerons par la Raison, ni dans la Science qui est fondée sur les Principes & sur les Theorêmes Geometriques, l'on ne trouve point une certitude parfaite & accomplie de tous points; mais seulement cette certitude humaine dont j'ai parlé, à laquelle néanmoins tout homme

homme sage doit soumettre son Entendement. Cela ne répugne pas aux témoignages du Livre de la Sagesse, *(a)* & de l'Epître *(b)* aux Romains, qui déclarent que les hommes, qui de l'ouvrage du monde n'ont pas connu la puissance & la divinité de l'Ouvrier, sont insensez & inexcusables.

Car pour me servir des paroles de Vasquez : *(c) La Sainte Ecriture prétend seulement par ces paroles, qu'il y a toûjours eu un suffisant témoignage de Dieu dans la fabrique du monde & dans ses autres effets, pour le faire connoître aux hommes : mais elle ne s'est pas mise en peine si cette connoissance est évidente, ou très probable : car ces termes*, sont vûs *&* sont regardez, *dans leur signification commune & usitée, signifient toute connoissance de l'Entendement avec un consentement déterminé*. Il ajoûte ensuite : *Car si quelqu'un nioit présentement le Christ, ce qui le rendroit inexcusable, ce ne seroit pas parce-qu'il*

(a) *Sap.* XIII. 1. & Seq.
(b) *Rom.* I. 20.
(c) *Vasq. in Thom.* I. *Part.*

qu'il en auroit pu avoir une connoissance & une raison évidente ; mais parcequ'il auroit pu le croire par la Foi & par une connoissance prudente.

C'est donc avec raison que Suarez (a) enseigne, que *l'Evidence naturelle de ce principe, Dieu est la premiere Verité, qui ne peut tromper, n'est point nécessaire, & ne suffit point pour croire par la Foi infuse, ce que Dieu révele.* Il prouve par le témoignage de l'experience, qu'elle n'est point nécessaire ; car les Chrétiens ignorans & simples, quoiqu'ils ne connoissent rien de Dieu clairement & certainement, ils croyent néanmoins certainement que Dieu est. Les Chrétiens mêmes qui ont de l'esprit & du savoir, comme Saint Thomas (b) l'a remarqué, croyent que Dieu est, avant que de le connoître par la Raison. Suarez montre ensuite que la clarté naturelle de ce principe n'est pas suffisante, parceque la Foi divine, qui est infuse dans notre Entendement, ne peut pas être appuyée sur la seule Foi humaine,

(a) *Suar. Disp.* III. *de Fid. Sect.* 6.
(b) *Thom.* 2. 2. Q. 2. A. 4. & 5.

maine, quelque claire & ferme qu'elle ſoit, comme ſur un objet formel; parce qu'un conſentement plus ferme & d'un ordre plus noble & plus relevé, ne peut pas tirer ſa certitude d'un conſentement plus infirme.

Tel eſt le ſentiment de Saint Thomas, *(a)* & des autres Théologiens, & non ſeulement touchant les vertus Théologales; mais encore touchant les vertus morales, infuſes de Dieu, qui ne peuvent pas être régies ſelon leur dignité par la Raiſon naturelle. Il ne faut pas s'imaginer que celà ſoit détruit par cette ſentence de Saint Paul: *(b)* *Il faut que celui qui vient à Dieu, croye qu'il eſt*: car il veut qu'on croye cela, d'une Foi, non pas naturelle, mais infuſe de Dieu: car il dit immédiatement auparavant, *Il eſt impoſſible de plaire à Dieu ſans la Foi.* C'eſt ainſi que l'ont expliqué les Peres du Concile de Trente *(c)*. Quant à cette propoſition

(a) *Thom.* 2. 2. Q. 2. A. 4. & 1. 2. Q. 63. A. 3. *in corp. & ad* 3. *um.*

(b) *Hebr.* XI. 6.

(c) *Concil. Trid. Seſſ.* VI. Cap. 6.

sition de Saint Thomas, *Nous croyons Dieu, & à Dieu, par un même acte*, elle nous apprend que cette Foi divine, par laquelle nous croyons que Dieu est, vient de Dieu même, & non pas de la nature, & de la Raison humaine: *Car*, comme dit Suarez, *l'excellence de la premiere Verité mérite, que lorsque la résolution se fait de l'objet materiel à l'objet formel, ce même objet formel ne se résolve point en un autre; mais soit cru par lui-même, parcequ'il peut rendre témoignage de lui-même.*

Quant à ce que vous avez ajoûté, qu'il arrivera que la Foi dépendra de choses incertaines, si les premiers principes, qui sont connus par la lumiere naturelle, sont incertains, tel qu'est celui-ci, une même chose ne peut pas être en même tems & n'être point, Suarez (*a*) y donne une excellente réponse: *S'il se trouve quelque premier principe, nécessairement enveloppé dans le consentement de la Foi, il sera aussi cru par la Foi, & la*

(*a*) *Suar. Disp. VI. de Fide, Sect.* 2. *Art.* 13.

la Foi ne dépend point de ce principe, comme naturellement connu. Comme, par exemple, si je crois que Dieu est Trine, je crois nécessairement qu'il n'est pas unique en personne, & qu'il n'y a pas quatre personnes: non pas à cause de ce principe naturel, Toute chose est, ou n'est pas, en tant qu'il est naturel: mais parce que la Foi même, qui fait croire que l'affirmation est véritable, fait croire aussi que la négation est fausse. Et ainsi des autres.

Le Foi ne dépend donc point de ces premiers principes; mais elle les supose comme certains, de cette souveraine certitude humaine dont j'ai parlé, à laquelle la Foi venant à se joindre, de certains qu'ils étoient d'une souveraine certitude humaine, ils deviennent certains d'une certitude divine. Ce que j'ai déja prouvé de telle sorte, que vous en avez paru persuadé. De là vous avez pu aisément connoître, que tant que l'Entendement humain, s'appuyant sur la Raison, se fonde sur ces premiers principes, à peine peut-il se soûtenir; mais que si-tôt que la Foi vient à son

secours,

ſecours, il demeure ferme & inébranlable, comme je l'ai déjà dit. Faites réfléxion ſur cet axiôme ſi commun, & approuvé par un conſentement unanime de toute l'ancienne Philoſophie, *De rien il ne ſe fait rien.*

Platon s'appuyant ſur ce fondement, comme très-ſolide & inébranlable, a cru que le monde avoit été formé d'une matiere éternelle. Ariſtote a cru qu'il n'avoit point eu de commencement. Ce principe a été corrigé & rejetté par la Foi. Pourquoi ne croirai-je pas qu'il en peut arriver autant aux autres Axiômes par la puiſſance de Dieu ? Des Cartes n'a-t'il pas cru, qu'il ſe pouvoit faire par la puiſſance divine, qu'une même choſe fût & ne fût pas en même-tems ? Qu'une même propoſition fût vraye & fauſſe en même-tems ? D'où il s'enſuit manifeſtement, que lorſque la Raiſon s'applique aux premiers principes, quoiqu'elle y trouve une ſouveraine certitude humaine ; il leur manque néanmoins quelque choſe pour être certains d'une parfaite certitude, & que ce défaut eſt ſuppléé par la Foi.

Non

Non ſeulement ces axiômes, & ces premiers principes ; mais encore toutes ces autres propoſitions qui ſont d'une moindre étendue, & qui ne trouvent pas une ſi facile créance dans l'Eſprit humain, tirent leur force & leur certitude de la Foi. Telles qu'on en trouve pluſieurs dans les Livres Sacrez, dans les Conciles, & dans les Decrets de l'Egliſe : comme, par exemple, cette propoſition que vous avez avancée, Jeſus-Chriſt eſt un animal raiſonnable, non ſeulement elle acquiert ſa certitude par l'argument que vous avez propoſé, & par la Raiſon ; mais encore par la Foi. Ces autres propoſitions me deviennent encore certaines par la Foi, l'Homme eſt composé d'un corps & d'une Ame ; L'Homme ſent & vit ; Je ſuis & je vis, puiſque je croi, & que je ſçai que je croi. Ces propoſitions, que je trouvois certaines par la Raiſon d'une certitude humaine, lorſque la Foi ſurvient, deviennent certaines d'une certitude divine, & toutes ces tenebres qui occupoient mon Eſprit, ſe diſſipent. Véritablement c'eſt un grand

grand avantage que nous tirons de la Foi & de la Théologie, avec plusieurs autres, que nôtre Entendement chancelant soit confirmé, & qu'il soit amené à une pleine, à une claire, & à une certaine connoissance de la Verité.

Vous pourrez insister, & dire que du moins la forme que l'on appelle Syllogistique, n'est pas du domaine de la Foi ; & que dans cette forme il ne peut y avoir d'autre certitude qu'une certitude humaine, & que néanmoins la certitude de la conclusion dépend de cette forme ; & que si cette conclusion appartient à la Foi, cette conclusion appartenant à la Foi, n'aura point d'autre certitude qu'une certitude humaine.

Mais vous devez savoir que la certitude de cette conclusion qui appartient à la Foi, ne dépend point de la certitude de la forme Syllogistique, qui à son égard, pour parler en termes de l'Ecole, est purement accidentelle. Car les Théologiens, & principalement Saint Thomas (*a*) enseignent

(a) *Thom.* 2. 2. Q. IX. A. 1.

gnent que *la Science divine n'est pas discursive, ou ratiocinative ; mais absolue & simple* ; & que l'Entendement se porte par un même acte vers l'objet materiel, à cause du formel ; & que par un seul & même acte on croit à Dieu, & Dieu : parceque la Foi, entrant dans notre Entendement, fait que, & elle même, & les choses qu'elle propose pour être crues, sont reçues & crues ; de même que la lumiere rend les autres choses, & soi-même, visibles.

Sur cela Saint Chrysostome (*a*), dont j'ai déja allegué le témoignage, dit fort à propos que les choses obscures sont rendues visibles par la Foi ; & que celles qui sont visibles sont confirmées & rendues certaines par celles qui ne sont pas visibles ; & que la Foi ne peut pas se soûtenir, si elle ne nous persuade plus certainement des choses qui ne sont pas visibles, que nous ne sommes persuadez des choses qui sont visibles.

Pour ce qui regarde les motifs de crédibilité,

(a) *Chrysost. in Heb.* XI. 2. *Homil.* 21.

crédibilité, qui préparant l'Entendement à recevoir la Foi, doivent être selon vous, non seulement certains d'une souveraine certitude humaine, mais d'une souveraine certitude absolue, je vous opposerai Gabriel Biel (a), qui prétend qu'il suffit pour recevoir la Foi, que les motifs de credibilité soient proposez comme probables. Croyez-vous que des enfans, qui ont à peine l'usage de raison, des gens barbares, grossiers, ignorans, & qui néanmoins ont reçu le don de la Foi, conçoivent très-clairement & très fermement ces motifs de credibilité? Non sans doute; mais la grace de Dieu, & la lumiere interieure vient au secours, & elle soûtient l'imbecillité de la nature & de la Raison.

Telle est l'opinion commune des Théologiens. La Raison a besoin de ce secours de la grace divine, non seulement dans les hommes grossiers, mais dans ceux mêmes qui ont de l'Esprit & du savoir; car quelque clair-voyante

(a) *Biel. in* III. *Disp.* 24. Art. 3. Dub. 2.

voyante qu'elle soit, elle ne peut toutefois nous faire avoir la Foi, si une lumiere celeste ne nous éclaire au-dedans; parceque, comme je l'ai déja dit, la Foi divine étant d'un ordre superieur, ne peut pas tirer sa force de la Foi humaine. C'estpourquoi l'Eglise a condamné les Semi-Pelagiens, parcequ'ils croyoient que le commencement de la Foi venoit de nous, & non pas de Dieu. Et c'est ce qui a donné lieu à ce Decret du Concile d'Orange (a): *Si quelqu'un soûtient, que sans l'illumination & l'inspiration du Saint Esprit, par les forces de la nature, il peut penser d'une maniere convenable, ou choisir, ou consentir à la prédication qui lui est faite, de quelque bien qui concerne le salut, il est trompé par un Esprit d'héresie.*

A ce Decret convient celui-ci du Concile de Trente: (b) *Si quelqu'un dit, que sans l'inspiration prévenante du Saint Esprit, & sans son secours, l'homme peut croire de la maniere qu'il faut croire pour que la grace de la justification lui soit conferée, qu'il*

 soit

(a) *Concil. Arausi.* Cap. 7.
(b) *Concil. Trid. Sess.* VI. *Can.* 3.

soit Anatheme. Telle est la doctrine de Saint Thomas (*a*) : *La lumiere de la Foi fait voir les choses qui sont crues*. Il dit encore, *Les Fideles ont connoissance des choses de la Foi, non pas comme d'une maniere démonstrative ; mais entant que par la lumiere de la Foi elles paroissent devoir être crues*.

CHAPITRE XVI.

Pourquoi la doctrine des Academiciens & des Sceptiques a été rejettée.

DU reste, les causes qui ont fait rejetter la doctrine des Pyrrhoniens, ne sont pas celles que vous soupçonnez. Vous croyez qu'elle a été rejettée par les Payens, de-peur que les Sciences ne tombassent dans le mépris ; quoique je vous aye fait voir qu'elles ont été soigneusement cultivées par d'excellens hommes, qui pratiquoient cet art de douter. Vous croyez qu'elle a été rejettée par les Chrétiens, de-peur qu'elle ne nuisît à la Foi & aux bonnes mœurs ; quoique cependant du tems de Ciceron,

(*a*) Thom. 2. 2. Q. I. A. 4. ad 3. & A. 5. ad I.

ceron, où elle tomba entierement, comme il le dit souvent; pour parler plus juste, elle fut réduite à peu de personnes. Or en ce tems-là les Chrétiens, qui n'avoient pas encore paru, n'avoient rien à craindre pour leur Religion, ni pour leurs mœurs, de la part des Sceptiques. Cela est plûtôt arrivé par l'orgueil qui est naturel à l'homme: car étant naturellement rempli & boufi de cette opinion, que sa Raison le rend fort superieur à tous les autres animaux, qu'il est doüé d'intelligence, capable des Sciences, né pour raisonner, pour connoître, pour savoir; il est fâché de se voir dépouillé de tous ces avantages, & en quelque sorte dégradé, & condamné aux tenebres d'une perpetuelle ignorance.

Il ne peut donc souffrir qu'on le desabuse d'une si agréable erreur; & il préfere une honorable folie à une pauvre & obscure sagesse. Et pour ne se voir pas chassé par les Sceptiques de cette ancienne possession de Science, comme d'un riche héritage qu'il tient de la nature, il aime mieux les combattre à main armée & par violence, comme des ravisseurs de la Raison, & comme des destructeurs de la science, que d'agir contr'eux par des voyes juridiques, prévoyant que par-là il sera débouté de cette possession qu'il avoit usurpée sans aucun droit.

Vous voyez donc maintenant, si je ne me trompe, combien sont foibles & frivoles toutes les contradictions & les objections des Dogmatiques. Elles pourroient néanmoins m'ébranler, si parmi les Philosophes il se trouvoit quelque Secte qui fût exemte de contradictions, ou si quelque Philosophe approuvoit une autre doctrine que la sienne. Mais puisqu'ils se font entr'eux une guerre continuelle, nous ne devons pas prétendre qu'ils entretiennent la paix avec nous; & puisque nous faisons profession de contredire tous les autres, si nous voulons être équitables, nous ne devons pas trouver mauvais que plusieurs nous contredisent. Comme nos Objections ne les retirent pas de leur erreur, & qu'ils ne se rendent pas à nos remontrances, il est juste qu'ils souffrent que nous ne nous laissions pas surprendre par leurs reproches.

Cette

Cette ſavante Secte des Pythagoriciens, qui eſt parvenue à une ſi prodigieuſe érudition, après avoir été premierement tourmentée d'une infinité de calomnies & de railleries, a été enfin tout-à-fait anéantie : ſoit parceque Platon, Ariſtote, Speuſippe, & d'autres encore ont pillé leurs plus belles découvertes, & ſe les ſont appropriées, après les avoir racoutrées & reformées ; & qu'ils en ont ſéparé & ramaſſé ce qui pouvoit ſervir de matiere à la moquerie, & que par-là ils ont donné occaſion aux railleurs de tourner cette Secte en ridicule, comme Porphyre *(a)* l'a conjecturé : ſoit que ſuivant le ſoupçon de Jamblique *(b)*, certains petits Livres ſupoſez, & des Symboles étranges & choquans que l'on a attribuez à cette Secte, lui ayent attiré tant de contradiction : cependant le mépris où elle eſt tombée, n'a pas empêché, ni Jamblique que je viens d'alleguer, ni pluſieurs autres, de demeurer conſtamment attachez à ce parti, & de ſe vanter d'être ſoûtenus de la protection divine,

(a) *Porphyr. Vit. Pyth.*
(b) *Jambl. Vit. Pyth.* Lib. I. Cap. 1.

ne, sur laquelle ils se reposoient.

Quelles injures n'a-t-on point dites aux Epicuriens, pour avoir attaqué les Dieux, pour avoir renversé la Religion, pour avoir corrompu les mœurs, pour avoir banni la pudeur, pour avoir autorisé le libertinage? Elle est devenue si infâme, que les Juifs de ces derniers tems, se sont servis du nom d'Epicure, pour former des noms à l'arrogance, à l'impureté, & aux lieux mêmes de débauche. Nous avons vû néanmoins dans ces derniers tems, s'élever Gassendi, portant le caractere de Prêtre, qui a fait renaître cette Secte abolie depuis tant d'années, & qui a mérité l'approbation de plusieurs personnes doctes & pieuses. Des Cartes même n'a pas été exemt de censure, quoiqu'il ait tâché de démontrer l'Existence de Dieu; & la distinction de l'Ame & du corps: & néanmoins nous voyons plusieurs personnes de tous états, gens graves & savans, entrer dans ses sentimens & les soûtenir.

CHAPITRE

CHAPITRE XVII.

Conclusion.

LEs choses étant telles que je viens de les montrer, nous ne pouvons pas nous promettre du Vulgaire un plus favorable accueil ; mais les soupçons que l'on formera contre nous, & les plaintes que nous entendrons, ne nous feront par abandonner le dessein où nous sommes, de suivre ce qui nous paroîtra probable, jusqu'à ce que nous soyons attirez par une plus grande probabilité. Cependant rien ne nous fera avouër que nous sachions ce que nous ne savons point, & nous préfererons toûjours la liberté de notre jugement, à l'approbation des gens prévenus de leurs vaines Idées.

La vôtre, me disoit cet excellent homme, plein de beaucoup de politesse & d'honnêteté, seroit auprès de moi d'un grand poids, pour me confirmer dans ces pensées, & je souhaiterois fort de la pouvoir mériter. Véritablement cette methode libre & dégagée de Philosopher, dont vous faites profession, qui parcourt toutes les sciences, sans s'attacher à aucune, montre assez que vous avez quelque penchant pour notre parti, ou du moins que vous n'en avez pas beaucoup d'aversion. Que si vous êtes dans un autre sentiment, je ne m'y opposerai pas, & je n'ai garde de prétendre que vous abandonniez cette liberté Philosophique que je me conserve si soigneusement.

J'avoue, lui dis-je, que vous m'avez émeu; mais c'est une affaire à examiner, & elle mérite bien d'être approfondie à loisir. Que si d'autres considérations m'éloignoient de vôtre doctrine, quoiqu'en matiere de Philosophie on doive peu déférer à l'autorité, la vôtre néanmoins m'inclineroit vers vous, & m'y rappelleroit. J'aime mieux, me répondit-il, que vous le fassiez par amitié que par déférence, de crainte qu'une diversité d'opinions ne vînt troubler l'étroite liaison, & l'uniformité de vie & d'études qui est entre nous.

Telle fut la conversation que nous eûmes ensemble, cet habile Philosophe & moi, qui ne fut ni frivole, si je m'y connois, ni desagréable; car pourquoi le dissimulerois-je? & véritablement j'en fus ébranlé.

FIN.

www.ingramcontent.com/pod-product-compliance
Ingram Content Group UK Ltd.
Pitfield, Milton Keynes, MK11 3LW, UK
UKHW012011240726
13965UKWH00002B/308

9 782013 566254